Uli Piller

Die Türkische Republik Nordzypern

Entstehungsgeschichte eines Staates

Die Türkische Republik Nordzypern

Im November 1983 wurde im Norden Zyperns die *Türkische Republik Nordzypern* proklamiert. International aber blieb dem kleinen Staat die Anerkennung bisher versagt. Heute macht vor allem die wirtschaftliche Lage den Zyperntürken stark zu schaffen. Welche Hintergründe der Zypern-Konflikt hat und wie es dazu kam, dass die Zyperntürken die eigentlichen Opfer der Krisen auf dieser Insel wurden, vermittelt dieses Buches in ausführlicher Darstellung.

Uli Piller, Jahrgang 1979, studierte in München Germanistik und Anglistik sowie Sozialkunde für das Lehramt an Realschulen und unterrichtet als Lehrer seit 2006 an einer Realschule. Nach Zypern kam er erstmals als kleiner Junge – seitdem Jahr für Jahr immer wieder. Bereits 1994 verfasste er für einen Münchner Lokalsender eine Radioreportage, 1997 erschien die erste Auflage dieses Buches unter dem Titel *„Zypern, die ungelöste Krise"*, 2001 veröffentlichte er davon die zweite Neuauflage. Im Jahr 2006 erschien „Rauf Denktas - Sein Leben für Nordzypern". Seit 2001 ist Piller als ehrenamtlicher Vertreter Nordzyperns in München tätig.

Uli Piller

Die Türkische Republik Nordzypern

Entstehungsgeschichte eines Staates

Eine Überarbeitung der Arbeit
„Zypern, die ungelöste Krise", 1997 und
„Die Türkische Republik Nordzypern - Ein politisch-kulturelles Lesebuch", 2001.

Copyright © 2018 by Uli Piller.

Herstellung und Verlag: Books on Demand, Norderstedt

Printed in Germany.

ISBN 9783752828801

Zitate wurden entgegen der üblichen Zitierregeln behutsam an die neuen Rechtschreibregeln angepasst.

In der Hoffnung, dass dieses kleine Land in Zukunft viele Freunde gewinnen wird, gewidmet all denen, die bereits Freunde Nordzyperns geworden sind.

Mein Dank gilt vor allem meiner Frau Odette, die sich seit 2005 mehrmals jährlich mit mir auf Nordzypern mit dem Konflikt befasst. Danken möchte ich zudem den (ehemaligen) TRNC-Repräsentanten in Berlin Oktay Öztürk, Kemal Gökeri und Mustafa Davulcu für ihre Unterstützung. Ferner gilt mein Dank dem ehemaligen TRNC-Außenministern Tahsin Ertugruloglu und dem Finanzminister Serdar Denktas. Sie haben mich bei den Recherchen immer unterstützt. Zudem möchte ich posthum auch Staatsgründer Rauf Denktas danken, der bis zu seinem Tod immer wieder in persönlichen Treffen die Lage der Zyperntürken erklärt hatte.

Vorwort zur Neuauflage

Der Zypern-Konflikt ist vielen Interessierten sicherlich ein Begriff. Man kommt schnell mit Begriffen in Berührung, die einen dazu bewegen, Schlüsse hinsichtlich der Entwicklung dieses Konfliktes zu ziehen. Diese Begriffe sind u.a. „türkische Invasion", „Teilung" und „Pseudo-Staat".

Viel zu schnell wird der Zypern-Konflikt so anhand der vermeintlichen korrekten historischen „Entwicklungslinie" skizziert. Aber diese historische Linie gibt es so nicht. Denn während die griechische Volksgruppe Zyperns eben den „Mainstream" der Betrachtung beeinflusst hat und ihre „Lesart" der Entwicklung als „korrekt" durchsetzten konnte, gibt es noch die zyperntürkische Darstellungsweise. Sie gilt weithin als wenig beachtet, wird kritisch beäugt und teilweise als „Propaganda" diffamiert. Beide „Lesarten" sind nicht in allen historischen, politischen und gesellschaftlichen Bewertungen deckungsgleich und unterscheiden sich vor allem im Hinblick auf die Frage, was zur Teilung Zyperns geführt hat, diametral. Siehe dazu auch die Vorbemerkungen im Anschluss an dieses Vorwort.

Diese Arbeit versucht die Entstehung des völkerrechtlich nicht anerkannten Staates im Norden Zyperns zu erklären. Sie macht es sich zur Aufgabe, die türkischzyprische Sichtweise - in Abgrenzung zur inselgriechischen und ggf. manchmal auch zur festlandstürkischen - vorzustellen und die legitimen Interessen der Zyperntürken in den Mittelpunkt der Betrachtung zu stellen.

Dabei wird bewusst, dass die Darstellung dieser Sichtweise schnell als „voreingenommen", „einseitig" oder gar „propagandistisch beeinflusst" abgetan wird, obgleich es keine Gründe dafür gibt, die Sichtweise der Zyperngriechen ebenso kritisch zu sehen.

Dieses Buch ist die zweite Neuauflage verschiedener vorheriger Arbeiten. „Zypern, die ungelöste Krise" erschien bereits 1997 und wurde 2001 überarbeitet und mit einem zweiten Teil - dem Lesebuch - ergänzt. Die zweite Fassung hieß „Die Türkische Republik Nordzypern - Ein politisch-kulturelles Lesebuch." Die nun 2018 neu aufgelegte Fassung „Die Türkische Republik Nordzypern - Entstehungsgeschichte eines Staates" verzichtet auf den zweiten Teil und ergänzt dafür die Darstellung der Entstehung Nordzyperns um aktuellere Entwicklungen bis hin in die heutige Zeit.

Uli Piller
München, im Juli 2018.

DER ZYPERN-KONFLIKT
IN SEINER ENTSTEHUNG SEIT DER KOLONIAL-ZEIT

Zum Verständnis zyperntürkischen politischen Handelns – Vorbemerkungen

Diese Arbeit verfolgt das Ziel, die türkischzypriotische Politik verständlich zu machen. Weltweit wird die Türkische Republik Nordzypern (TRNC) von keinem anderen Staat anerkannt als von ihrer Schutzmacht, der Türkei. Dies wird allzu häufig als Beweis für die Richtigkeit des Schuldzuweises am Status Quo auf der Mittelmeerinsel Zypern verstanden. Nach diesem simplen Schema skizziert sich der Hergang der Zypernkrisen einfach: Das von Großbritannien okkupierte Zypern erstreitet sich im Rahmen eines „Freiheitskampfes" die Unabhängigkeit. Letzte Aktion der ziehenden Briten ist eine Verfassung, deren Inhalte nicht oder nur schwer in die Tat umzusetzen sind. Die Verfassung wird geändert, die türkische Minderheit verlässt die politische Handlungsbühne (Parlament und Regierung). Die Regierung der Republik Zypern arbeitet fortan ohne die Beteiligung der Minderheit. 1974 putscht Athen gegen Staats- und Regierungschef Makarios III. Die türkischen Streitkräfte nutzen diese Lage um Zypern zu überfallen, den Norden zu besetzen und damit die eigene Machtposition im östlichen Mittelmeer zu stärken. Seitdem blockieren die türkischen Machthaber sowie ihre Marionetten in Nordzypern alle politischen Verhandlungen und fordern unbeeindruckt vom Druck der Weltöffentlichkeit die Anerkennung der 1983 proklamierten TRNC.

Dieser Sichtweise bedient sich heute die öffentliche Meinung vor allem in Athen und Nikosia, die Regierungen Griechenlands und der anerkannten Republik im Süden Zyperns. Sie ist aber auch gängige Meinung in der Weltöffentlichkeit.

An dieser Stelle soll – ebenfalls als kurzer Abriss – die Sichtweise der türkischen Seite aufgezeigt werden, ehe die Abhandlung der einzelnen Ereignisse fortgeführt wird.

Zypern, das 1878 vom Osmanischen Reich an die englische Krone verpachtet wird, fällt London im Jahre 1925 als Kronkolonie zu. Im Jahre 1955 beginnt die zyperngriechische Bevölkerung mit einem Kampf um den Anschluss der Insel an Griechenland. Dabei kommt es auch zu Übergriffen auf die türkische Bevölkerung. 1960 entlässt die Krone Zypern in eine Partnerschaftsrepublik, deren Verfassung Zyperntürken und –griechen als gleichberechtigte Staatsvölker ansieht. Bereits drei Jahre danach versucht aber Makarios III., Staatspräsident der Republik Zypern, diese Verfassung so zu ändern, dass die Republik alleine in die Hände der griechischen Zyprer fallen würde. Es kommt zum Bürgerkrieg, der Tausenden die Heimat kostet. Die Insel ist politisch geteilt. Elf Jahre darauf, 1974, putscht die griechische Armee gegen den Erzbischof und vertreibt ihn von der Insel. Der Anschluss an Athen wird durch die Militärintervention Ankaras verhindert. Verhandlungen bleiben ergebnislos, die den türkischen Zyprern einst zugestandene Gleichberechtigung wird nicht wieder durchgesetzt. Im Jahr 1983 ruft das Parlament des türkischzyprischen Föderativstaates eine unabhängige Republik aus. Die internationale Anerkennung bleibt diesem Staat versagt, u.a.

weil griechischzyprische und griechische Lobbyisten in Washington und Europa Druck ausüben.

Ziel dieser Arbeit soll die umfassende Darstellung des Werdegangs der zypriotischen Zweistaatigkeit sein – vom Beginn der Auseinandersetzungen unter britischer Herrschaft (1955) bis in die Jetztzeit. Ein besonderes Augenmerk soll dabei auf den Standpunkt der TRNC gelegt werden, ihre internationale Nichtanerkennung nicht als ein Hindernis der Staatlichkeit herausgestellt und die Lage der Zyperntürken zwischen Selbstständigkeit und Abhängigkeit dokumentiert werden.

Dabei kommt es darauf an, dass anerkannt wird, egal welchen Standpunkt die wissenschaftlichen oder politischen Meinungsformer in den USA, Europa und teilweise auch in der Russischen Föderation vertreten, dass die türkischen Zyprer die eigentlichen Opfer all dieser Zypernkrisen sind. Der ehemalige Deutsche Botschafter in Nikosia, Dr. Koenig, sprach in den 1960er Jahren gar von „unsagbaren Leiden", denen die Volksgruppe ausgesetzt sei.

1. <u>Zypern zu Beginn des 20. Jahrhunderts</u>
Die britische Herrschaft 1878 bis etwa 1900

Die Zeit unter britischer Kolonialverwaltung ist eine der facettenreichsten der zyprischen Gegenwartsgeschichte überhaupt. Während dieser Zeit durchlitten die Zyperntürken zum ersten Mal das Leid, von blinden Fanatikern auf zyperngriechischer Seite massiv bekämpft zu werden. Für die Inselgriechen war der Anschluss an Griechenland, genannt ENOSIS, politisches Hauptziel, auf das alles politische wie gesellschaftliche und vor allem kirchliche Handeln abzielte.

Die Herrschaft der Briten trug zur Entstehung einer gut ausgebauten Infrastruktur bei, die im selben Zeitraum unter der osmanischen Regierung niemals hätte entstehen können. Das Bildungssystem auf der Insel wurde ausgebaut und viele Zyprer genossen eine bessere Bildung als in den beiden vermeintlichen Mutterländern: Osmanisches Reich und Königreich Griechenland.

Die englische Krone erlangte die politische Herrschaft über Zypern nach geheimen Verhandlungen. Für militärische Unterstützung und einen jährlichen Pachtzins in Höhe von 92.799 Pfund an den osmanischen Sultan, trat die Krone die Insel an das Königreich ab. Dieser Pachtzins wurde durch die Krone direkt von der zyprischen Bevölkerung eingetrieben, was dort erheblichen Unmut hervorrief.

Nach den *Verträgen von Berlin* und nach Klärung wichtiger administrativer Fragen landete die britische Armee mit Soldaten aus Ägypten am 12. Juni 1878 auf Zypern. Angeführt wurden diese ersten Truppen von Admiral Lord Hay. Erster Hochkommissar wurde ab 22. Juni desselben Jahres Sir Garnet Wolseley. Die Bevölkerungsmehrheit (nicht nur die griechisch sprechende Bevölkerung) sah den Wechsel von den Osmanen zu den Briten mit der Hoffnung auf wirtschaftliche Verbesserungen. Wie allerdings bereits erwähnt, blieben auch in Folge die erhofften Abgabensenkungen aus. Im Grunde war die Krone nur wenig an der Lage der einheimischen Bevölkerung interessiert. Sie betrachtete Zypern als *unsinkbaren Flugzeugträger* und als wichtigen Stützpunkt auf dem Land- und Seeweg nach Indien. Als 1882 auch der Suez-Kanal in Ägypten unter britische Herrschaft fiel, wurde diese Stellung Zyperns etwas geschwächt und die Interessen Londons an der Insel sanken.

Bereits am 14. September 1878 gaben die neuen politischen Machthaber – formell blieb bis 1925 der Sultan Herrscher über die Insel, wenngleich sein Einfluss gegen „null" gesunken war – Zypern eine Art Verfassung. Dieses rasche Handeln rührt daher, dass es das Ziel der Briten war, die teilweise durch Unfähigkeit, teilweise durch die materiellen Begierden einzelner osmanischer Beamter und Vertreter des Sultans verschuldeten Wirtschafts- und Herrschaftskrisen so schnell als möglich zu überwinden. Der Hochkommissar war als oberster Verwalter und Vertreter der Krone immer im direkten Kontakt mit London. Ihm zur Seite standen ein Exekutivrat, bestehend aus fünf britischen Mitgliedern und der so genannte Gesetzgebende Rat, eine Art Parlament ohne weitere Befugnisse. Der Exekutivrat war ein beratendes Gremium, an dessen Beschlüsse und Empfehlungen der Hochkommissar allerdings nicht gebunden war. Im Grunde machte sich der gesamte Apparat der Gesetzgebung und Beratung selbst überflüssig, war er doch nichts weiter als eine Fassade zur scheinbar demokratischen Legitimierung politischer Angelegenheiten. Immerhin war allerdings vorgesehen, dass etwa zwei bis vier Zyprer an diesem Rat beteiligt waren. Bereits 1882 musste die konstitutive Schrift ein erstes Mal geändert werden: Die Zyprer – beider Ethnien – waren mit der Aufteilung nicht einverstanden, sahen sich unterrepräsentiert. Die Briten erhöhten daraufhin die Zahl der Mitglieder auf 18. Dennoch blieb der Exekutivrat ein rein beratendes Gremium ohne Entscheidungsbefugnis. Die Sitzaufteilung wurde dann ab 1882 folgendermaßen geregelt: Neben sechs Briten hatten die Griechen Zyperns neun und die Türken drei Sitze. Bei Stimmengleichheit entschied der Hochkommissar. Zu dieser Stimmengleichheit sollte es in Zukunft häufig kommen, vor allem als der griechischzyprische Kampf um den Anschluss an Griechenland die Türken zur Solidarität mit den Briten zwang.

Ein Hauptaugenmerk der britischen Administration wurde auf die rasche Errichtung einer gut ausgebauten Infrastruktur gelegt. Nur so konnten auch die Briten selbst schnell und weitaus bequemer als in den Jahrzehnten zuvor die entlegenen Orte auf der Insel erreichen. Gab es 1878 noch kaum Verkehrsverbindungen auf der Insel, war bereits drei Jahre später eine Straßenverbindung zwischen Nikosia und Famagusta geschaffen worden. Bis 1904 war das Straßennetz soweit ausgebaut, dass alle größeren Orte miteinander verbunden waren und die Küste fast komplett erschlossen werden konnte. Weite Teile der zyprischen Bevölkerung konnte davon allerdings nicht profitieren – für sie blieb der Ausbau des Straßennetzes ohne größere Bedeutung. Nicht so beim Bildungswesen: „Vom neu geschaffenen Erziehungswesen profitierte die gesamte Bevölkerung. So erhöhte sich allein die Zahl der Schulen für die christliche Bevölkerung von 94 im Jahre 1881 auf 238 im Jahre 1901."[1] Dies hatte den Vorteil, dass sich die griechischzyprische Jugend von eigenen Lehrern bilden lassen konnte. Dazu später mehr.

An dieser Stelle soll der Blick auf Wirtschaftsstruktur gerichtet werden: Die meisten Zyprer waren zu dieser Zeit in der Landwirtschaft tätig. Sie forderten Subventionen, viele konnten weder von Viehzucht oder Ackerbau alleine leben und mussten zusätzlich in den Asbestminen arbeiten. Andersherum waren aber auch viele Minen-Arbeiter genötigt, nebenbei kleine landwirtschaftliche Betriebe zu führen, um das Auskommen zu sichern, auch wenn der Anbau teils nur für den Eigenbedarf genügte. Knapp 70 Prozent der Bauern waren zu Beginn des 20. Jahrhunderts verschuldet. Sie lebten teilweise am Rande des Existenzminimums. Im sekundären Wirtschaftszweig tat sich auch unter den neuen Machthabern wenig. Die Arbeit in den Kupfer- und Asbestminen war hart und anstrengend, sie wurde nur unzureichend entlohnt. Trotz der anfänglich beträchtlichen Gewinne für die Betreiber der Minen, sollte das Geschäft mit Kupfer und Asbest, das aus anderen Erdteilen (v.a. Afrika) billiger

---

[1] Klaus Hillenbrand, Cypern, S. 41.

nach Europa gelang, bald nicht mehr lohnen. Heute erinnern nur mehr rostige Wracks der Förderanlagen an die harte Zeit des Bergbaus auf Zypern. Diese Anlagen kann man etwa bei Gemikonagi im Nordwesten Zyperns von der Straße aus erkennen.

Die Tributlast blieb auch unter den britischen Machthabern extrem hoch, was eine – nach heutigen Vorstellungen – Ankurbelung der Binnennachfrage natürlich unmöglich machte. Die Förderung der beiden Bevölkerungsgruppen blieb fast gänzlich aus, die einzige Ausnahme stellte der bereits angesprochene Schub in der Bildungspolitik dar. Für die politische Zukunft aber sollte genau dieser Bildungsschub auch Nachteile haben. Der Unterricht für die griechisch sprechende Bevölkerung wurde von griechischen Lehrern vom Festland organisiert und von der seit 1754 autokephalen zyprisch-orthodoxen Kirche unterstützt. Durch die griechischen Lehrer gelangte nationalistisches Gedankengut nach Zypern.[2] So entwickelte sich im Lager der Zyperngriechen der von Athen aus geförderte Wunsch nach Anschluss Zyperns an Griechenland, eine Union, die unter dem Namen *ENOSIS* später berühmt wurde. Die Inseltürken durchlitten dieselben finanziellen Missstände, mussten sich nun aber auch

---

[2] Die so genannte „Magli Idea", große Idee, war die Basis des griechischen Nationalismus nach Gründung des Königreichs Hellas im ersten Drittel des 19. Jahrhunderts. Unter diesem Schlagwort verstand man die nationalistische Anschauung, dass an den Orten, wo Griechen leben auch Griechenland sein musste. Uwe Berner, ein Anfang der 1990er Jahre viel zu früh verstorbener Wissenschaftler, der sich sehr der TRNC zugewandt hat, formulierte es folgendermaßen: „Der griechische Nationalismus entwickelte sich im Laufe des 19. Jahrhunderts nach ... der Schaffung eines Königreich Griechenland zu einem größenwahnsinnigen Chau-vinismus." (Uwe Berner, Das vergessene Volk, S. 17). Tatsächlich ist der griechische Nationalismus früh gegen das Türkentum gewandt. Dies lässt sich historisch begründen, denn viele Griechen erduldeten lange Zeit osmanische Herrschaft.

dem Ansinnen der Bevölkerungsmehrheit widersetzen. Noch immer war die Insel offiziell dem osmanischen Herrschaftsgebiet zuzurechnen. Die Türken Zyperns fürchteten die Union mit Griechenland als politisches Ende der eigenen Mitbestimmung. Sie war verbunden mit der Angst der Vertreibung. Die Sorge, die Vereinigung Zyperns mit Griechenland würde den eigenen Einfluss kosten und die wirtschaftliche Lage weiter verschlechtern, veranlasste die Zyperntürken im Gesetzgebenden Rat häufiger mit den Briten zu stimmen und somit Pattsituationen herbeizuführen.

Schon 1878 wurde der einheimischen Bevölkerung versprochen, dass auch Maßnahmen ergriffen würden, die der Ankurbelung der Wirtschaft dienen würden. Diese Maßnahmen sollten die Bevölkerung „bei Laune" halten und eine positive Grundstimmung gegenüber den neuen Machthabern aus Großbritannien schaffen. Bis auf die infrastrukturellen Verbesserungen und den Ausbau des Primärbildungswesens wurde anfangs aber wenig Fortschritt erzielt.

Die politische Lage nach dem Ersten Weltkrieg

Die Situation zu Beginn des 20. Jahrhunderts unterschied sich – vor allem eben in ökonomischer Hinsicht – nicht fundamental von der am ausgehenden 19. Die türkische Volksgruppe war vor allem wegen der schlechten Arbeitsbedingungen und der finanziellen Engpässe, die fast jede Familie trafen, unzufrieden, bei den Griechen kam auch noch eine starke politische Unzufriedenheit hinzu.

Die politische Lage sollte sich allerdings mit dem Beginn des Ersten Weltkriegs rasch ändern. Als das Osmanische Reich an der Seite der Deutschen in den Krieg eintrat, brach es die Vereinbarungen von Berlin und eröffnete den Briten den Weg zur vollständigen politischen Annexion Zyperns. Die bis dahin obligatorische Pacht an den Sultan musste nach der endgültigen Übernahme in den Reigen der englischen Kronkolonien ab März 1925 auch nicht mehr entrichtet werden. Diesen Wegfall bekam allerdings nur die politische Verwaltung zu spüren, denn: „Furthermore, the people suffered high levels of taxation"[3] Mit der Annexion am 5. Februar 1915 wurde die Hohe Pforte als politischer Machthaber endgültig abgelöst, die politische Forderung einiger Zyperntürken, Zypern wieder an die Osmanen zurückzugeben, damit hinfällig.

Gleichzeitig erfuhren aber die Forderungen der Zyperngriechen nach Übergabe an Griechenland einen neuen „Aufwind". Jetzt, da die Krone der Hohen Pforte nicht mehr politisch verpflichtet war, schien die Union mit Griechenland wahrscheinlicher zu werden. Zweimal, am 3. und 16. Oktober 1915, bot die Krone der griechischen Führung unter Premier Alexandros Zaimis an, die Insel zu übergeben. Die Bedingung dafür allerdings war der Kriegseintritt Griechenlands an der Seite der Entente. Athen lehnte dies aus politischen und militärischen Überlegungen heraus ab, man ging aber davon aus, dass die politische Union zwischen Hellas und Zypern ohnehin nur mehr eine Frage der Zeit sein würde. Zypern wurde von

---

[3] Stavros Panteli, The Making of Modern Cyprus, S. 93.

den Briten für ein politisches „Tauschgeschäft"[4] missbraucht. Die royalistischen Kräfte in Athen gingen aber auf diesen Handel nicht ein, was für die nationalistischen Meinungsführer unter den Zyperngriechen wie ein „Schlag ins Gesicht" gewesen sein musste.

Sehr zum Verdruss griechischer Nachfolgeregierungen, die das Angebot sicherlich unter vielerlei Umständen angenommen hätten, wiederholte die Krone es jedoch nicht mehr. Dennoch blieb für die englischen Premiers und ihre Statthalter auf Zypern im Falle einer politischen Krise die Übergabe der Insel an Griechenland weiterhin eine denkbare Option des Übergangs. Das beweist ein Gespräch zwischen dem englischen Premier Lloyd George und seinem US-amerikanischen Counterpart, Präsident Woodrow Wilson.

Der britische Schriftsteller Lawrance Durrell[5] schildert jedoch das Gegenteil: Die britische Kolonialmacht schloss fortan die Übergabe Zyperns an Griechenland aus und stemmte sich zunehmend gegen zyperngriechische Versuche, die Insel an Hellas zu übergeben.

Im Jahre 1917 erlangten alle Zyprer die britische Staatsbürgerschaft. Auch so wollte die Verwaltung dem Ansinnen der griechisch sprechenden Zyprer begegnen. Die Behauptung, die Mehr-

---

[4] Pavlos Tzermias, Geschichte der Republik Zypern, S. 26.

[5] Durrell erlangte auf Zypern einigen Ruhm, weil er sich intensiv um die Geschehnisse in den 1950er Jahren bemühte. Er lebte einige Jahre im Dorf Ozanköy im Norden Zyperns. Durrell hatte die Entwicklungen des Kampfes um den Anschluss an Griechenland miterlebt und in seinem autobiographischen Werk „Bitter Lemons" verarbeitet.

heit der auf Zypern lebenden Menschen sei griechischer Abstammung und damit sei es auch das Recht der Griechen zu bestimmen, wohin Zypern übergeben werde, griff nicht mehr. Fortan gab es – abgesehen von Minderheiten – ausschließlich britische Staatsbürger auf Zypern. Im selben Jahr trat unter der Führung des neuen griechischen Premiers Venezielos Griechenland doch noch der Entente bei und griff in den Ersten Weltkrieg ein. Die politische Führung in Athen hatte die Hoffnung auf die Umsetzung der „Megali Idea" noch nicht aufgegeben. Es bestand die Annahme, durch die loyale Unterstützung der britischen Interessen eine Union zwischen Zypern und Athen zu erreichen. Zur selben Zeit begann der Wunsch der Zyperngriechen die ENOSIS durchzusetzen zu einer *Idee fixe* zu werden und die tägliche politische Agenda zu dominieren.

Der Kriegseintritt Hellas´ brachte folglich auch einen lange währenden Krieg zwischen Griechenland und dem Osmanischen Reich mit sich. Das Riesenreich zerfiel. Erst am 24. Juli 1923 konnte im *Frieden von Lausanne* ein Ende der kriegerischen Auseinandersetzungen festgeschrieben werden. Die damals noch teilweise auch griechisch besiedelten Gebiete Kleinasiens wurden von Mustafa Kemal zurückerobert[6] und so entstand die moderne Türkische Republik. Kemal wurde Staatspräsident der am 29. Oktober 1923 proklamierten Türkei – also kurz nach der Unterzeichnung des Friedensvertrages.

Die Folge dieses Vertrages war ein für die Zivilbevölkerung schmerzlicher Bevölkerungsaustausch. Griechische Familien aus

---

[6] Er marschierte bereits am 9. Oktober 1922 in Izmir (griech. Smyrna) ein.

Kleinasien, der Schwarzmeerküste oder Istanbul mussten die neue Türkei verlassen und in Richtung Griechenland ziehen, während türkische Familien aus Griechenland (u.a. Kreta) vertrieben wurden. Auch für Zypern begann ein neues Zeitalter. Für die Zyperngriechen bedeuteten die Anerkennung des Friedens, die Ausrufung der Türkischen Republik in ihren heutigen Grenzen und die Umsetzung des Bevölkerungsaustausches einen zweiten Schlag nach 1915. Die türkische Bevölkerung Zyperns musste anerkennen, dass die Annexion der Insel von 1915 nun auch durch die Türkei – den staatsrechtlichen Nachfolger des Osmanischen Reichs – gebilligt und festgeschrieben wurde. Damit schwanden die Hoffnungen, Zypern könne eines Tages doch noch an Ankara zurückgegeben werden. Wie bereits angesprochen, folgte am 10. März 1925 die Ausrufung der „Kronkolonie Zypern". Danach setzte ein Abwanderungsstrom ein.[7] Bis zum Zweiten Weltkrieg verließen etwa 6.000 bis 8.000 Inseltürken die Insel Richtung Türkei. Diese Abwanderung lässt sich nicht nur mit der politischen Enttäuschung begründen, vor allem sind wirtschaftliche Gründe in Betracht zu ziehen und die neue Stellung innerhalb der zyprischen Gesellschaft, bzw. den zwei Gesellschaften. Waren die Inseltürken bis zur Erhebung Zyperns zur Kronkolonie formal diejenigen, deren Volksgruppe seit 1571 die Herrschaft über die Insel ausübte, mussten sie nun mitansehen, wie man ihren Status mit dem einer ethnischen Minorität verglich. Die Rufe der Zyperngriechen nach ENOSIS wurden zudem deutlich lauter.

---

[7] Vergleiche Gülistan Gürbey, Zypern – Genese eines Konflikts, S. 17.

Der Gesetzgebende Rat wurde 1925 nochmals aufgestockt und umfasste fortan 24 Mitglieder. Auf Druck der griechischen Bevölkerungsmehrheit wurden den Griechen 12 Sitze zugestanden. Dennoch kam es nach wie vor zu Pattsituationen, die letztlich den Hochkommissar[8] bewegten, selbst zu entscheiden.

Franz Georg Maier schreibt: „Die Abschaffung der Tribute im Jahre 1927 kam um Jahrzehnte zu spät"[9] und unterstreicht die politisch-psychologischen Folgen des jahrelangen Tributzolls an die englische Krone. Wenn auch sehr langsam gelang nach der Abschaffung der Tribute ein allmählicher wirtschaftlicher Aufschwung. Mit diesem Aufschwung gewann in den 30er Jahren des 20. Jahrhunderts auch der ENOSIS-Gedanke bei den Inselgriechen seine volle politische Tragweite. Erstmals prallten die politischen Vorstellung der inselgriechischen Nationalisten auf die der britischen Kolonialbehörden und erfuhren dort erheblichen Widerstand. Großbritannien wollte sich dem politischen Druck der Nationalisten keinesfalls beugen. Die britische Verwaltung entlarvte die griechischen Schulen als diejenigen Institutionen, die den griechischen Nationalismus verbreiteten. Sie unterstellten die Lehrerkörper der Volksgruppen der englischen Administration. Dies hatte zur Folge, dass ENOSIS-Propaganda mehrheitlich aus den Schulen verschwand, wenn auch nicht gänzlich. Auch der Hetze gegen die britische Verwaltung konnte mit diesem Schritt entgegnet werden. Jedoch zog man sich so

---

[8] Der Titel Hochkommissar wurde nicht mehr vergeben. Der politische Statthalter auf Zypern war der Britische Gouverneur.

[9] Franz Georg Maier, Cypern. Insel am Kreuzweg der Geschichte, S. 127.

den Zorn der griechischen Volksgruppe zu, die dies als einen Schritt der erneuten Einschränkung betrachtete. Die wirkliche Last hatten aber die Zyperntürken zu tragen: Sie verloren ihr selbsttätig verwaltetes Schulsystem und dies, obwohl sie keine gegen die Briten gerichtete Propaganda betrieben. Die ENOSIS-Propaganda der Zyperngriechen wurde in der Folgezeit in zwei weitere Institutionen verwiesen. Hauptsächlich nahmen sich die zyprisch-orthodoxen Kirchen den politischen Wünschen der Inselgriechen an. Die Zusammenarbeit mit den Briten wurde in den folgenden Jahren durch die Abschottung und Radikalisierung weiter erschwert. So entstand eine Organisation mit dem Namen *Nationale Radikale Union Zyperns* (EREK). Das Hauptziel der EREK war es, den Briten „das Leben schwer zu machen", um sie so allmählich zu zermürben und von der Insel zu vertreiben.

Die Folge einer Debatte im Gesetzgebenden Rat waren 1931 schwere Auseinandersetzungen auf den Straßen. In der Steuerdebatte hatte der zyperntürkische Abgeordnete Mehmet Bey Missirlizade mit seinen griechischen Kollegen gestimmt und setzte damit einen Entwurf durch, der den englischen Kolonialverwaltern nicht zupass kam. Der Gouverneur ließ den Beschluss folglich per Dekret ändern, sodass die Vorstellungen der Briten umgesetzt wurden. Nicht die Unruhen an sich waren das Besondere, sondern die Ausmaße und die Inhalte im Zusammenhang des vorgebrachten Protests. In einer Rede rief der Erzbischof, Makarios I., dazu auf, sich der radikalen EREK anzuschließen, die britischen Entscheidungsträger ab sofort in allen anstehenden Fragen zu boykottieren und den Briten deutlich zu zeigen, wie unerwünscht sie seien. Der Wunsch nach „Selbstbestimmung" in Form einer eigenen Entscheidung der Bevölkerungsmehrheit für die Union mit Griechenland wurde in der türkischen Volksgruppe mit wachsender Sorge wahrgenommen, denn zum ersten Mal wird die Union mit Athen auch als eine Art „Allheilmittel" gegen sämtliche wirtschaftliche Probleme propagiert und wurde nun auf ein neues Fundament gestellt. Der Wunsch nach wirtschaftlichen Verbesserungen war weit verbreitet. Selbst ENOSIS-Skeptiker, die die Vereinigung mit dem Mutterland aus ideologisch-nationalistischen Gründen nicht unbedingt favorisiert hatten, sprachen sich nun aus ökonomischen dafür aus. Die Inhalte der Bildungsvermittlung hatte erfolgreich die Identität der Zyprer verschleiert. So wurde in den Schulen nicht gelehrt, die Zyperngriechen seien Bewohner der Insel Zypern mit griechischer Sprache und orthodoxem Glauben. Um sich im Reigen des pangriechischen Hellenismus einreihen zu können, wurde den Zyperngriechen gelehrt sich als Griechen zu fühlen. Daher wurde die Verweigerung der ENOSIS durch Großbritannien als große moralische Ungerechtigkeit gewertet. Die Zyperntürken fanden freilich in diesem Szenario keinen Platz. Sie wurden nicht als zweite, numerisch kleinere Volksgruppe angesehen, sondern als ethnische Minderheit, die zunehmend auch den Kampf störte. Denn umso lauter die griechische Bevölkerung nach der Union mit Griechenland schrie, desto lauter wurden die Proteste der Türken, die um ihre politische und wirtschaftliche Existenz auf der Insel bangten.

Dem Aufstand von 1931 konnte erst ein Ende gesetzt werden, als nach dem Brand des Gouverneurspalasts die britische Armee weitere Einheiten aus Ägypten nach Zypern verlagerte. In Athen wurden die Proteste mit Wohlwollen registriert. Endlich konnte die nationale Hoffnung, den Hellenismus auf den Bereich des östlichen Mittelmeers auszudehnen, mit Inhalt belebt werden. In Griechenland wurde nun darauf spekuliert, dass die Briten – im Zuge möglicher Entkolonialisierungsbestrebungen, die in den Jahren darauf einsetzten – auch der Insel im Mittelmeer überdrüssig würden. Man war sich weitgehend sicher, dass nach einem Abzug britischer Truppen und der Kolonialherren die Insel an das Mutterland übergeben würde. Trotz dieses Hoffnungsschimmers war – aus der historischen Rückblende gesehen – die Wahrscheinlichkeit, dass die Insel rasch an Griechenland übergeben würde, zu dieser Zeit weit geringer als davor - vor allem eben 1915, als London das direkte Angebot an Athen machte, Zypern zu erhalten (s.o.). Für die Zyprer hatten die Unruhen von 1931 weitreichende Folgen politischer Natur: Die Dorfbürgermeister durften nicht mehr frei gewählt werden, sie wurden von den Kolonialherren bestimmt. Der Legislativ-Rat wurde gänzlich aufgelöst, auch wenn dies keine weitreichenden Auswirkungen hatte. Der Gesetzgebende Rat wurde eingeschränkt, der Gouverneur regierte weit restriktiver und unterdrückte aufkeimende Kritik mit Pressezensur. Die Schulen wurden von der britischen Administration nun noch stärker kontrolliert.[10]

---

[10] Vgl. dazu Uwe Berner, Das vergessene Volk, S. 32.

Diese Änderungen sind im Nachhinein sicherlich als mit verantwortlich für die weitere Radikalisierung bei den Zyperngriechen zu bewerten. Auswirkungen hatten diese Restriktionen aber nicht nur für die Griechen Zyperns, sondern auch für die weitgehend unbeteiligten Zyperntürken.

Die ENOSIS-Propaganda lief zwar unterschwellig bis zum Zweiten Weltkrieg weiter, richtete aber keinen größeren Schaden mehr an, da man sich in London einig war, dass das Thema Union mit Griechenland nichts mehr auf der politischen Tagesordnung zu suchen hatte. Wirtschaftlich allerdings tat sich nach 1931 einiges: Die Bedeutung der Landwirtschaft nahm weiter ab, weit mehr Menschen verdienten ihren Lohn fortan als Arbeiter. Vor allem die Kupfer- und Asbestminen konnten nochmals an Bedeutung gewinnen. Es kam zur Gründung erster Gewerkschaften. Diese Gewerkschaften zwangen die Briten zur Auseinandersetzung mit einer unzufriedenen Arbeiterschaft – einer geschlossenen Arbeiterschaft aus Zyperntürken und –griechen.

Als 1939 der Zweite Weltkrieg ausbrach, bedeutete dies für Zypern einige unmittelbare Veränderungen. Zwar wurde die Insel im Gegensatz zu Griechenland nie direkt in die Kampfhandlungen involviert, die Tatsache jedoch, dass rund 25.000 Soldaten aus Zypern (Griechen wie Türken) in der britischen Armee für die Alliierten im Einsatz waren, ließ den Krieg auch im Leben der Zyprer Einzug halten. Problematisch allerdings war, dass die Türkei sich neutral verhielt und Hitlerdeutschland lange Zeit auch unterstützte.

Die Hoffnung, dass der Krieg eine völlig neue Weltordnung schaffen würde, wirkte sich auch auf Zypern aus. Viele junge Zyperngriechen meldeten sich freiwillig an die Waffen – im festen Glauben, nach Ende des Zweiten Weltkriegs würde Zypern Griechenland angeschlossen. Unter den jungen Männern, die für die *Royal Air Force* kämpften, befand sich auch der spätere Präsident des griechischen Teils Zyperns, Glafkos Klerides, der einige Zeit in deutscher Kriegsgefangenschaft saß.

Aber nach dem Krieg übergab Großbritannien die Insel nicht an Griechenland, was die Stimmung verschärfte. Zusätzlich negative Auswirkungen hatte die Übergabe der Inselgruppe des *Dodekanes* von Italien an Griechenland. Die Griechen Zyperns erwarteten sich hiervon 1947 positive Effekte für Zypern. Langsam formierte sich die ENOSIS-Bewegung (neu). Die radikale EREK bekam einen Nachfolger und vor allem junge Männer trafen sich in politisch motivierten Jugendclubs, die von der orthodoxen Kirche unterstützt, finanziell gefördert und oftmals erst ins Leben gerufen wurden. Der ab 1948 amtierende Bischof von Kition, Makarios III., forderte immer lauter und vehementer den Anschluss an Griechenland. Er erreichte auch, dass Athen sich wieder stärker für die Interessen der Zyprer einsetzte und den „Fall Zypern" zum Fall des Hellenismus machte. Makarios III., später Erzbischof der zyprisch-orthodoxen Kirche und Staatspräsident der Republik Zypern von 1960 bis 1963, dann Präsident der international anerkannten Rumpfrepublik Zypern, organisierte ein Plebiszit. Die Bevölkerung ganz Zyperns sollte darüber abstimmen, ob sie für oder gegen ENOSIS war. Dr. Stavros Panteli spricht in „The Making Of Modern Cyprus" zwar davon, dass auch etliche Inseltürken für ENOSIS votierten, dies aber ist zu bezweifeln. Pantelis Darstellung erscheint als Versuch, den ENOSIS-Wunsch als bevölkerungsübergreifend darzustellen. Die Türken Zyperns lehnten die Union mit Athen durchwegs ab. Das Plebiszit sollte aus heutiger Sicht nicht überbewertet werden. Zum einen waren die Unterschriftenlisten in den orthodoxen Kirchen und kirchlichen Gemeindezentren ausgelegt. Sie waren demnach öffentlich zugänglich. Es mussten der eigene Name und die Unterschrift angegeben werden. So ist es nicht verwunderlich, dass unter dem Druck der griechischzyprischen Gesellschaft nur sehr wenige sich trauten, gegen ENOSIS zu votieren. Das eindeutige Ergebnis von 96 Prozent für die ENOSIS sollte eigentlich nur zeigen: Immerhin vier Prozent der Unterschriftswilligen stimmten gegen ENOSIS. Wie viele Menschen gar nicht abstimmten, ist nicht geklärt. Die Zyperntürken waren an der Abstimmung nicht beteiligt. Für Makarios III. aber war das Resultat dieser Abstimmung klar: 96 Prozent der Zyprer – er schloss die Zypermtürken dabei nicht mit ein; sie waren eine türkische Minderheit – wollten die Union. Und dementsprechend selbstbewusst wollte er als politischer Vertreter seiner Volksgruppe in der Zukunft auch gegenüber den Kolonialherren auftreten.

Der Erzbischof, seit 1950 unangefochtener Führer der Inselgriechen, erarbeitete einen *Drei-Stufen-Plan* zur Durchsetzung der Union mit Griechenland. Dabei sollte in der ersten, friedlichen Stufe Großbritannien davon überzeugt werden, die Insel freiwillig an Griechenland abzutreten. Er glaubte, dies im Zuge der weltweiten Entkolonialisierungswelle auch erreichen zu können. Die Zyperntürken waren dabei ebenso seine politischen Gegner wie die Briten. Sie wollten ENOSIS verhindern und schlugen sich daher auf die Seite Großbritanniens. Die Kolonialmacht versuchte dem griechischen Bestreben immer wieder auszuweichen und bot den Insulanern einige Male die Unabhängigkeit unter Ausschluss der Union mit Griechenland an. Solchem Ansinnen aber zeigten Makarios III. und seine Anhänger die kalte Schulter. Die zur kommunistischen Partei tendierende Arbeiterpartei AKEL hingegen befürwortete die Unabhängigkeit als ersten Schritt. Die ENOSIS-Radikalen dehnten folglich ihren politischen Kampf auch auf die zyperngriechischen Vereinigungen aus, die sich gegen ENOSIS aussprachen, bzw. nicht bedingungslos dafür eintraten. So geriet auch die kommunistische AKEL ins Visier der „Enosisten". Nach einiger Zeit widerrief daher die AKEL ihre Zustimmung zu den Vorhaben Londons und schlug sich auf die Seite der ENOSIS-Anhänger um Makarios, der somit die gesamte zyperngriechische Volksgruppe geeint hinter sich wusste. Trotzdem ließ man sich in London auf keine Diskussion über eine eventuelle Union Zyperns mit Athen ein.

So musste Makarios die zweite Stufe seines Planes in Angriff nehmen. Die zweite Stufe sah die Internationalisierung des Konflikts mit der Kolonialmacht vor. Dabei baute der Erzbischof auf die Unterstützung Griechenlands, das sich nun schwer tat, offen gegen die Briten zu agieren, die sie im Zweiten Weltkrieg unterstützt hatten.

So blieb ihm nur mehr die dritte Stufe: der physische Kampf. Dazu aber fehlten ihm alleine die Mittel, er musste sich griechische Unterstützer suchen. Er arrangierte sich also mit einem guten Freund, dem auf Zypern geborenen Militär Georgios Grivas. General Grivas wollte zusammen mit Makarios ENOSIS durchsetzen. Die Mittel waren dabei in dieser Phase letztendlich egal. Grivas gründete eine Befreiungsorganisation namens EOKA, deren Ziel es war, durch gezielte Anschläge und Einschüchterungsmaßnahmen die Briten zu vertreiben und die Türken politisch bedeutungslos zu machen. Die EOKA bestand zum größten Teil genau aus dem Klientel, das sich seit Jahren in den kirchlich organisierten Jugendclubs traf.

Der Bürgerkrieg 1955 – 1959 und die Unabhängigkeit

Grivas, der sich als kompromissloser ENOSIS-Befürworter zu verstehen gab, erarbeitete 1951 zusammen mit dem Erzbischof die genauen Pläne zur Durchsetzung des politischen Wunschs nach ENOSIS. Dazu musste zuerst der festlandsgriechische Nationalismus auf die Situation der Insel aufmerksam gemacht werden. Weiters galt es möglichen Widerstand auf Zypern selbst zu kontrollieren und zu unterbinden. Der britischen Kolonialverwaltung sollte unmissverständlich klar gemacht werden, dass man nicht länger zu verhandeln gedenke, sondern Taten erwarte. Grivas, der sich als ausgewiesener Experte für Guerillakämpfe verstand und das zyprische Hinterland bestens kannte, sollte die Leitung eines möglichen, breit angelegten Kampfes gegen die Briten organisieren und leiten. Er war die ideale Person für einen solchen Einsatz: Auf Grund der

Tatsache, dass er als General in der griechischen Armee tätig war, gab es auch eine Verbindung zwischen der Insel und dem griechischen Festland. Zwischen den Sondierungen des Erzbischofs mit seinem General und dem ersten öffentlichen Auftreten der EOKA vergingen weitere vier Jahre. Zyperns Griechen waren nach wie vor bemüht, eine andere Lösung anzustreben. Es muss ihnen zu Gute gehalten werden, dass der gewalttätige Aktionismus erst die letzte Konsequenz ihres Handelns darstellte.

Die Trennung der Volksgruppen wurde zu jener Zeit auch von den Briten vorangetrieben. Die königliche Verwaltung hatte bemerkt, dass die Türken Zyperns aus Angst vor der Bedeutungslosigkeit, die sie zwangsläufig ereilen würde, wenn die Insel an Griechenland angeschlossen würde, fast immer an der Seite der Briten standen. Dies hatte zur Folge, dass weite Teile des Polizei- und Beamtenapparates innerhalb der britischen Administration von den Inseltürken besetzt wurden. Dies darf allerdings nicht darüber hinwegtäuschen, dass insgesamt die meisten Zyprer, egal welcher ethnischen Herkunft, noch immer im Bereich der Landwirtschaft oder des Bergbaus tätig waren.

Bevor im weiteren Verlauf dieser Arbeit die chronologische Entwicklung des Zypernkonflikts aufgezeigt werden soll, muss an dieser Stelle auf die Frage eingegangen werden, ob die Forderung nach der Union mit Griechenland legitim gewesen ist. Für die überwältigende Mehrheit der Inselgriechen war zu diesem Zeitpunkt Zypern ein Teil Griechenlands und noch immer zählen sich die Zyperngriechen zu den Hellenen. Die Insel wird von zyperngriechischen Politikern und vielen Bürgern weiter als „östlichste Bastion" des Hellenismus angesehen. Zur damaligen Zeit lag die Verbreitung dieser Ansicht in erster Linie an der schulischen Bildungsvermittlung und der kirchlichen Indoktrination. Ab dem Zeitpunkt, als der griechische Nationalismus in Form der *Megali Idea* auch auf Zypern populär wurde, gelangten diese Inhalte in die Schulen. Den Kindern wurde von klein auf beigebracht, sie seien Teil des Griechentums und damit zwangsläufig ein Teil Griechenlands. Damit war der Weg, eine eigene zyprische Identität zu finden, verbaut. Ein möglicher Vergleich ließe sich mit Österreich herstellen. Würde heute in Österreich den Kindern in der Schule von der ersten Klasse an indoktriniert, sie seien Deutsche und Österreich eigentlich ein Teil Deutschlands, niemand könnte sich des Eindrucks erwehren, dass dies (auf den ersten Blick jedenfalls) logisch erscheine. Dennoch erscheint es natürlich recht gewagt, eine solche Verbindung zwischen der Alpenrepublik und dem nördlichen Nachbarn herzustellen.

Die Beeinflussung der Jugend auf Zypern hatte große Auswirkungen. Studentenunruhen weltweit zeigen deutlich: Junge Menschen neigen zu lautstarkem Protest, wenn sie sich mit einer politischen Situation nicht abfinden wollen[11]. Die britische Kolonialmacht wusste sich dieser Angriffe politisch-strategisch nicht zu erwehren und griff schlussendlich zum vermeintlich falschen Mittel: der Gewalt. Das erzürnte die aufgebrachte Jugend noch mehr. Es kam zur

---

[11] Man denke an den arabischen Frühling in Tunesien etwa.

Vereinigung in Kirchengruppen und am Ende zur Gründung der EO-
KA.

Aber auch die Unterschiede zwischen Festlandsgriechen und
Zyperngriechen dürfen nicht unbeachtet bleiben. „Zu Beginn des 18.
Jahrhunderts waren die Ähnlichkeiten mit der Sprache des griechischen Festlandes nur noch gering."[12] Die orthodoxe Kirche Zyperns,
wenn sie auch dieselben Glaubensinhalte vermittelte wie die grie-
chisch-orthodoxe, genoss dennoch ab 1754 weitgehende Autoke-
phalie. Sie war bis Mitte des 18. Jahrhunderts nur vom Wohlwollen
der osmanischen Machthaber abhängig. Bis heute wird häufig der
Fehler gemacht, nur zwischen den zwei großen orthodoxen Kirchen
(russisch und griechisch) zu unterscheiden. Aber weder armenische
Christen noch die zyperngriechischen Orthodoxen sind Teil der grie-
chisch-orthodoxen Kirche. Zypern liegt fast 450 Kilometer entfernt
vom griechischen Einflussbereich und stand somit auch niemals in
seiner geschichtlichen Entwicklung unter griechischer Direktadminis-
tration. Dass ENOSIS eine *Wiedervereinigung* sein sollte, war sicherlich historisch nicht korrekt. Umgekehrt hätten die Zyperntürken
eine Wiedereingliederung in das Osmanische Reich respektive dessen Rechtsnachfolger Türkei fordern können – und sie haben dies
zeitweise auch getan. Die Frage also, ob die Forderung nach ENO-
SIS notfalls mit Gewalt durchzusetzen rechtens war und auf historischen Gegebenheiten beruhte, lässt sich auf verschiedenen Ebenen
beantworten. Betrachtet man die Zyprer gesamt als ein Volk, so
wäre es auch nach moralisch-ethischen Aspekten nicht sinnvoll, die

---

[12] Gülistan Gürbey, Genese eines Konfliktes, S. 167.

Zyperntürken mit in die Forderung einzubeziehen. Betrachtet man den Wunsch aus zyperngriechischem Blickwinkel alleine, so fällt auf, dass er hier auch erst durch massive Zuhilfenahme von Propaganda zum Wunsch einer *gesamten* Gesellschaft stilisiert wurde. Alleine Repressionen gegen Gegner innerhalb der eigenen Gesellschaftsgruppe (z.B. anfangs AKEL) zeigen, dass solche Gegner vorhanden waren. Sie wurden von den Nationalisten jedoch nicht geduldet.

Eine dritte Betrachtungsebene ist die britische Kolonialmacht, welche die Insel bekanntlich von den Osmanen übernommen hatte. Würde Großbritannien Zypern an Griechenland übergeben, würde es zum einen die Hoheit über die Insel und damit den Einfluss im östlichen Mittelmeer verlieren. Zum anderen würde sich London auch den Zorn der bis dahin loyalen Volksgruppe der Zyperntürken und der Türkei zuziehen. Eine enge Bindung der Türkei an Großbritannien war aber zu dieser Zeit aus strategischen Gründen unverzichtbar. Letztendlich kann festgestellt werden, dass es objektiv keinen Grund gegeben hatte, den Wunsch nach ENOSIS international zu unterstützen. Der einzige ersichtliche Grund wäre die Vermeidung eines drohenden Kriegs zwischen Briten und Türken auf der einen und Griechen auf der anderen Seite gewesen. Ob dies allerdings politisch legitim war, sei dahingestellt.

Großbritanniens Verhalten, den Zyprern mehrmals die Unabhängigkeit anzubieten, war insofern richtig, als es weder der türkischen Volksgruppe Angst machte, als Teil Griechenlands entweder die politischen Mitspracherechte oder aber gleich die Heimat zu verlieren, noch den Inselgriechen die Hoffnung nahm, selbstbestimmt in die Zukunft zu gehen. Auch wenn heute der Kampf um Selbstbestimmung in den Mittelpunkt gestellt wird, ging es den Inselgriechen damals einzig um die Eingliederung der Insel in die politische Entität Griechenlands. Eine Unabhängigkeit war kein politisches Ansinnen gewesen.

Erzbischof Makarios forderte am 27. April 1953 den Gouverneur Andrew Wright auf, die 1950 durchgeführte Volksgruppenbefragung endlich zu berücksichtigen. General Grivas dürfte zu jener Zeit bereits mit dem Aufbau der paramilitärischen Terrorgruppierung EOKA beschäftigt gewesen sein. Ihm konnte nicht nachgesagt werden, jemals an einer friedlichen Lösung des künstlich geschaffenen Konflikts interessiert gewesen zu sein. Der englische Premier Henry Hopkinson hielt am 28. Juli 1954 eine Rede vor dem britischen Unterhaus, die sicherlich nicht ganz unschuldig war am Ausbruch gewalttätiger Feindseligkeiten. Hopkisons Aussage, Zypern könne wie andere Commonwealth-Territorien nicht erwarten jemals die Unabhängigkeit zu erlangen, sorgte für einige Unruhe. Für die ENOSIS-Anhänger stand damit fest, dass über politische Verhandlungen mit der englischen Krone keine Erfolge erzielt werden würden.

Athen, das durch Grivas bereits mit der Lage vertraut gemacht worden war, sah sich nun veranlasst, den „Fall Zypern" vor den Vereinten Nationen zu internationalisieren. Am 16. August 1953 unterschrieb der griechische Premierminister Papagos einen Antrag, der das Problem auf die Tagesordnung des Weltsicherheitsrates setzen sollte. Damit wurde das Verlangen nach ENOSIS über Nacht bekannt gemacht. Erzbischof Makarios III., der den Antrag freilich begrüßte und mit ausgearbeitet hatte, hoffte, dass die Vereinten Nationen sich seiner annehmen würden. Er erwartete sich internationalen Druck auf die Kolonialmacht und ausdrückliche Unterstützung durch die Weltgemeinschaft. Er betrachtete die Zyperngriechen als das Staatsvolk Zyperns, das seinen Willen nach einer Union mit Griechenland bereits mehrfach deutlich kundgetan hatte. Aber der Weltsicherheitsrat sah sich nicht dazu veranlasst, die Problematik zu thematisieren. Damit war auch Makarios' zweite Planstufe, die Internationalisierung, gescheitert.

Was dann am 1. April 1955 geschah, wird von zyperngriechischen Behörden wie dem *Press and Information Office* heute so dargestellt:

> „In 1955, after a long but unsuccessful struggle to attain their freedom by peaceful means, the people of Cyprus took up arms against the colonial power. The British Government, ... exploited the presence in Cyprus of the Turkish minority."[13]

Diese Aussage zeigt die Intention deutlich. Die zyperngriechischen Behörden wollen den Eindruck vermitteln, nach einer langen Periode der friedfertigen Auseinandersetzung mit den Briten seien die Zyprer zu den Waffen getrieben worden. In dieser Textstelle wird zudem den Zyperntürken der Status rechtmäßige Bewohner der Insel Zypern zu sein verwehrt. Als *the people of Cyprus* werden ausschließlich die Inselgriechen bezeichnet. Vielmehr will man den Eindruck

---

13 Press an Information Office, Republic of Cyprus: The Cyprus Problem, S. 5.

erwecken, bei den Inseltürken handele es sich um eine türkische Minderheit, die nicht auf der Insel, sondern in der Türkei verwurzelt sei. Ferner suggeriert der Textabschnitt, dass der Kampf sich ausschließlich gegen Briten richtete. Das war anfänglich zwar richtig, später aber wurden auch die Zyperntürken Opfer des zyperngriechischen Nationalismus. Das kaschiert das PIO mit dem Wortlaut „exploited". Die Briten hatten die Zyperntürken nicht für ihre Zwecke missbraucht. Die Allianz zwischen Briten und Zyperntürken war zu diesem Zeitpuntk ein für die Türken zwingendes Muss, wollten sie ENOSIS verhindern. Im übrigen dauerte der friedliche Kampf etwa vier Jahre, will man die nationalistischen Aufmärsche des Jahres 1931 noch dazu rechnen.

Natürlich bedarf es auch des Hinweises, dass es nur eine kleine radikale Gruppierung innerhalb der inselgriechischen Gesellschaft war, die 1955 zu den Waffen griff. Am 1. April 1955 explodierte in Nikosia eine Bombe; zu dem Anschlag bekannte sich General Grivas mit seiner Terrororganisation EOKA. Damit hatte der gewalttätige Antikolonialkampf begonnen. Zu Beginn der Auseinandersetzungen war es ein Kampf zwischen der EOKA und der britischen Polizei, später aber wurden auch die Inseltürken in das Geschehen involviert. Suzan Tatli weist in ihrem Werk ausdrücklich daraufhin, dass sich die zyperntürkische Volksgruppe bis dahin neutral verhalten hatte. Pavlos Tzermias gestand in seinem Werk ein, dass die zyperngriechische EOKA die Bereitschaft der Inseltürken, sich in den Kampf verwickeln zu lassen, unterschätzt hatte. Die Zyperntürken begannen bereits vor April 1955 ihrerseits Vorkehrungen zu treffen für den Fall, dass sie einmal nicht mehr auf den Schutz der britischen Administration vertrauen konnten. So flog bereits 1954 eine Delegation der sogenannten *Kibris-Türktür Partisi*"[14] nach Ankara, um dort für Unterstützung zu werben. Die Führung der Zyperntürken wurde von Dr. Fazil Küçük übernommen. Er war der Gründer dieser Partei und ein Verfechter der so genannten Taksim-Bewegung, die eine Teilung der Insel Zypern forderte. Küçük war sich allerdings sehr wohl bewusst, diese Forderung nicht durchsetzen zu können. Die neue Lage auf der Insel veranlasste die türkische Volksgruppe erst einmal zur Solidarität mit den Briten. Küçüks Delegation in Ankara war erfolgreich: Die Türkei beschloss eine klare Richtlinie in Bezug auf ihre Zypernpolitik, der sie im Großen und Ganzen bis heute treu geblieben ist. Die Ziele der türkischen Zypernpolitik sind der bedingungslose Schutz der zyperntürkischen Volksgruppe vor Angriffen aus dem Lager der Zyperngriechen, die Wahrung der türkischzyprischen Rechte auf Mitbestimmung und politische Eigenständigkeit in einer von den Zyperngriechen dominierten Gesellschaft, die Sicherung des eigenen Territoriums durch die militärische Bastion Zypern[15] und die Einflussnahme auf die Tagespolitik der Insel. Die türkischen Zyprer konnten so sicher gehen, dass Ankara ENOSIS nötigenfalls mit militärischen Mitteln verhindern würde. Da

---

[14] „Zypern-Ist-Türkisch"-Partei.

[15] Ein Punkt, der der genaueren Betrachtung bedarf. Die Türkei wollte nie durch Okkupation Territorium gewinnen. Durch die enge Bindung an die Zyperntürken aber konnten griechische Bestrebungen, die in Richtung territorialer Expansion zielten, mit dem Verweis auf Zypern abgewehrt werden. Griechische Politiker und Militärs hätten die Aufgabe Zyperns in einem durch mögliche eigene Expansionsbestrebungen ausgelösten Krieg niemals zugelassen.

sich aber umgekehrt auch die Inselgriechen sicher waren, dass Athen alles daran setzen würde, das „Recht" auf ENOSIS durchzusetzen, kam es zu fortdauernden Spannungen zwischen den beiden Volksgruppen. Die Briten setzten auf Demonstration militärischer Stärke. Für sie waren weder die Union mit Griechenland noch die Teilung der Insel akzeptabel. Damit stand fest: Die EOKA würde es nicht bei dem einen Anschlag vom 1. April 1955 belassen. Bereits acht Wochen später, am 25. Juni 1955, wurde das britische Polizeiministerium im türkischen Stadtteil der Hauptstadt Nikosia Ziel eines Anschlages. Die EOKA traf dabei aber nicht die Briten. Nicht einer von ihnen wurde verletzt, dafür aber dreizehn Inseltürken. Der Bombenanschlag alarmierte die politische Führungsriege der Zyperntürken. Sie konnten nun nicht länger still zusehen. Insofern handelte die EOKA ungeschickt.

Am 11. Januar 1956 wurde in Paphos an der Südwestküste der Insel ein hochrangiger zyperntürkischer Polizeibeamter ermordet. Dieser Mordanschlag markierte – zusammen mit anderen kleineren Scharmützeln – den endgültigen Beginn des *ersten zyprischen Bürgerkriegs* mit britischer Beteiligung. Den Briten gelang es nicht, die EOKA-Aktivisten, die für die Terroranschläge verantwortlich waren, zu fassen. In der Folgezeit kam es zu Repressionen in beiden Volksgruppen. Die EOKA versuchte, die zyperngriechische Bevölkerung „auf Linie" zu halten, während sie gleichzeitig die Inseltürken mit den Terroranschlägen einzuschüchtern gedachte. Deren Reaktionen durch eine Verteidigungsorganisation (TMT) blieben meist erneut nicht ungestraft und so wurde der Bürgerkrieg immer weiter entfacht. Die zuvor aufgestellte These, bei den EOKA-Aktivisten handele es sich überwiegend um Jugendliche, bestätigt sich, wenn man die Polizeiberichte der britischen Kolonialverwaltung analysiert. Verhaftungen von Hunderten von Jugendlichen auf einmal waren ab Sommer 1956 keine Seltenheit mehr. In jenem Sommer wurde über Nikosia eine einwöchige Ausgangssperre verhängt; nur so glaubte die Kolonialadministration der Lage Herr zu werden. Die Zyperntürken reagierten mit der Organisation eigener Verteidigungstrupps, die sich ab November 1957 in der so genannten TMT (s.o.) zusammenschlossen. Ihr politischer Kopf war der spätere Staatspräsident der Türkischen Republik Nordzypern, Rauf Denktaş. Die Ziele der TMT waren in erster Linie die Verteidigung zyperntürkischer Wohnsiedlungen und Dörfer sowie aktiver Widerstand gegen die EOKA. Weitere politische Ziele waren die enge Kontaktpflege zu Ankara, die Organisation möglicher Vergeltungsakte und die Stärkung des Zusammenhalts innerhalb der eigenen Volksgruppe. Dabei wurde teils mit denselben Mitteln Druck auf die eigene Volksgruppe ausgeübt, wie dies bei den Griechen der Fall war. Allerdings ging die EOKA mit Untreuen in den eigenen Reihen wesentlich härter um als die TMT. Innerhalb der griechischzyprischen Volksgruppe wurde gleich von mehreren Seiten Druck ausgeübt: von den einflussreichen kirchlichen Gruppierungen, der Amtskirche selbst, der EOKA und politischen Vertretern.

Den Höhepunkt fand der traurige Bürgerkrieg 1958. Damals war Makarios III. bereits von der britischen Kolonialverwaltung auf die Seychellen verbannt worden.

Der so genannte Gönyeli-Vorfall markierte den Beginn der Juli-Auseinandersetzungen im Sommer 1958 in Nikosia. Damals mussten acht Zyperngriechen ihr Leben lassen, als sich die zyperntürkische Seite für mehrere Türkenpogrome rächte. Die Reaktionen der Inselgriechen waren hart. Die *Ledra Street* in Nikosia erhielt während dieser Tage den traurigen Beinamen „Mördermeile". Sie wurde zum Schauplatz blutiger Straßenkämpfe, angetrieben durch hitzigen Fanatismus und die Angst der Zyperntürken, bei einer Niederlage ENOSIS nicht mehr aufhalten zu können. Das Ergebnis der Straßenschlachten war die erste zeitweilige Teilung der Hauptstadt Nikosia in Griechen- und Türkenviertel, abgeriegelt durch britisches Militär. In diesem Sommer mussten 56 Inselgriechen und 53 –türken ihr Leben lassen; 79 Menschen wurden (zum Teil schwer) verletzt. Insgesamt verloren während des Bürgerkriegs rund 300 Griechen, 150 Türken und etwa 150 Briten ihr Leben. Die Angaben über Verletzte schwanken stark.[16] Über 30 Dörfer wurden in dieser Zeit vom türkischen Bevölkerungsteil verlassen, weil dort Repressionen oder Anschläge durch die EOKA Angst und Schrecken verbreiteten. Die blutigen Auseinandersetzungen zwischen der EOKA auf der einen und der TMT bzw. den britischen Truppen auf der anderen Seite blieben auch für die englische Krone nicht ohne Folgen. Griechenland und die Türkei hatten im Laufe der Zeit mehr und mehr Einfluss auf die jeweilige Volksgruppe genommen. Dies drohte in einem direkten Konflikt zwischen den beiden Staaten zu eskalieren, was die politische Lage weiter verschärft hätte und die gesamte Region in einen

---

[16] Man schätzt rund 300 Verletzte auf griechischer, 260 auf türkischer und zwischen 350 und 690 auf britischer Seite.

blutigen Krieg hätte ziehen können. Erst als Makarios merkte, dass es keinen Sinn machte, die ENOSIS als bedingungsloses Ziel zu beschwören, ließ er sich erneut auf Gespräche ein. Die Kolonialmacht unternahm 1959 ein weiteres Mal den Versuch, Zypern in die souveräne Selbstständigkeit zu entlassen. Bedingung für diesen Schritt aber war die Aufgabe des Ziels der Union mit Athen oder der Teilung der Insel in zwei Entitäten. London rief alle Seiten mehrfach zu Gesprächen auf. Der Erzbischof, der sich noch immer in seinem Exilort auf den Seychellen aufhielt, willigte schließlich ein. So ging die letzte Phase der britischen Kolonialherrschaft dem Ende zu. Klaus Hillenbrand beurteilte diese Phase in seinem Werk über Zypern wenig positiv:

> „Die letzten fünf Jahre britischer Herrschaft, von 1955 bis 1960, als die cyperngriechische Guerilla mit Waffengewalt die Enosis erzwingen wollte, sind zugleich die dunkelsten."[17]

Für manche war die Aussicht auf Eigenständigkeit ein Erfolg, für die meisten Zyperngriechen aber eine gefühlte Niederlage. Vor allem radikale ENOSIS-Fanatiker sahen in Makarios nun einen Verräter an der vaterländischen Sache. Sein Verhältnis zu General Grivas dürfte bereits zu diesem Zeitpunkt Risse erfahren haben. Grivas bereitete nun hinter Makarios' Rücken den Anschluss Zyperns an das griechische „Mutterland" vor.

Dies allerdings störte die Zypernverhandlungen nicht, geschah es nicht augenblicklich und auch nur im Untergrund. Die ers-

---

17 Klaus Hillenbrand, Cypern, S. 43.

ten direkten Gespräche über die Zukunft der Insel fanden vom 5. bis 12. Februar 1959 in Zürich statt. Dort trafen griechische und türkische Spitzenpolitiker mit einer britischen Delegation zusammen, um die Zukunft der Insel zu planen und den Grundstein für eine souveräne Republik Zypern zu legen. Man sagt, die Verhandlungen, die streng geheim geführt wurden, wären nur „zäh" vorangekommen. Immerhin konnte man den Kompromiss schließen, auf Zypern eine Partnerschaftsrepublik zu installieren. Ein gefährliches Unterfangen, zumal die Mehrheit der griechischen Bevölkerung nach wie vor der Auffassung war, die politisch legitimen Herrscher über Zypern zu werden und danach ENOSIS durchsetzen zu können. Die Partnerschaft zwischen den beiden Volksgruppen, die in Zürich neu beschworen wurde, hatte in dem Bürgerkrieg schweren Schaden gelitten. Praktisch wurde Zypern von zwei Parallelgesellschaften bewohnt, die nun im Rahmen der neuen Verfassung zusammenfinden mussten. Nach Aussagen verschiedener Journalisten aber soll das Klima bei den Zürcher Gesprächen dennoch entspannt und nicht gereizt gewesen sein, auch wenn anfangs wenige Fortschritte erzielt werden konnten. Alle zeigten sich erleichtert, als die Abschlussdokumente unterzeichnet werden konnten. An der ersten Verhandlungsrunde waren keine Vertreter der beiden Volksgruppen beteiligt, was deren Stellenwert im politischen Viereck Griechenland-Zypern-Türkei-Großbritannien deutlich werden ließ.

Vor allem die griechische Seite war mit dem Verhandlungsausgang sehr zufrieden, sie hatte mehr oder weniger ihre Linie durchsetzen können. Ankara scheiterte mit dem Vorschlag einer

Bundesrepublik mit zwei Bundesstaaten. Auch die Hoffnung auf einen türkischen Militärstützpunkt blieb unerfüllt. Die Möglichkeit zur Union zwischen Griechenland und Zypern sollte aber durch die Verfassung ausgeschlossen werden. Am 17. Februar wurden die Verhandlungen in London fortgesetzt und man begann, eine Verfassung auszuarbeiten. An diesen Verhandlungen waren auch die wichtigsten Vertreter der beiden Volksgruppen, Erzbischof Makarios III. und Dr. Fazil Küçük, beteiligt.

Die britische Kommission konnte bei diesem Verhandlungsgang durchsetzen, dass das UK zwei Militärbasen unter seiner Kontrolle behalten sollte. Die beiden Basen bei Akrotiri (Umgebung von Paphos) und Dekhelia (Umgebung von Larnaka) sind zusammen rund 256 km² groß und gehören bis heute zum Hoheitsgebiet Großbritanniens[18]. Außerdem konnte man sich weitgehend einig werden, wie die künftige Republik Zypern zu verwalten sei. Ein Garantievertrag zwischen Griechenland, der Türkei, Großbritannien und der Republik Zypern sollte mögliche Verletzungen der territorialen Integrität und die Verletzung der Verfassung verhindern. So wurden allen Garantiemächten umfassende Pflichten und Rechte eingeräumt, darunter auch das Recht auf militärische Intervention. Die Türkei nutzte dies später zweimal (1964 und 1974). Eine Kommission unter der Führung des Schweizers Marcel Bridel begann am 4. März 1959 die Verfassung vorzubereiten. Makarios behauptete später mehrfach, die Verfassung der neuen Republik Zypern sei den Zyprern aufok-

---

[18] Die beiden Basen bereiten im Zuge des „Brexits" den Juristen und Verantwortlichen nun größere Probleme.

troyiert worden. Er selbst hatte zusammen mit dem britischen Gouverneur Sir Hugh Foot und dem Zyperntürken Dr. Fazil Küçük das Gremium ins Leben gerufen. Ihm gehörten eine griechischzyprische Delegation unter der Leitung von Glafkos Klerides, dem späteren Präsidenten der Republik Zypern, sowie eine türkischzypriotische Delegation unter der Leitung von Rauf Denktaş an. Auch Athen und Ankara waren mit ihren Vertretern zugegen. Die Entscheidungen fielen in Übereinstimmung mit den betroffenen Volksgruppen. Dem endgültigen Verfassungstext stimmte schlussendlich jeder einzelne Delegierte zu.[19] Die Verfassung blendete die zahlenmäßigen Unterschiede zwischen Zyperngriechen und -türken teilweise aus und machte die beiden Volksgruppen zu gleichberechtigten Partnern. Insofern kann die Verfassung des neuen Staates als durchaus modern, fortschrittlich und ethnisch tolerant bezeichnet werden. Einige essentielle Punkte sollen an dieser Stelle näher beleuchtet werden.

Im ersten Artikel des Grundvertrages wird die Abgrenzung des Territoriums der Republik Zypern festgelegt. Dabei sind die beiden britischen Stützpunkte fest verankert und als Teil des UK festgeschrieben. Der dritte Artikel des Grundvertrags bezieht sich auf die gemeinsame Verteidigung der Insel. Dieser Artikel steht damit in direktem Zusammenhang mit dem Garantievertrag, der die Sicherheit und die territoriale Integrität der Inselrepublik durch das Recht der politischen und militärischen Intervention Griechenlands, der Türkei und Großbritanniens regelt (s.o.). Während diese Punkte nur im Ga-

---

[19] Beteiligt waren 22 Vertreter der „Mutterländer" sowie der Volksgruppen, sowie zwei unabhängige Verfassungsrechler aus der Schweiz.

rantievertrag verankert sind, finden sich später strittige Punkte, auf die sich die Schutzmächte beziehen konnten, direkt in der Verfassung. Im ersten Abschnitt der Verfassung (das sind die Artikel eins bis fünf) werden wichtige Grundsatzfragen geklärt, u.a. der Status der zahlenmäßigen Minderheit der Zyperntürken. Beide Volksgruppen werden schlicht als „communities" bezeichnet, eine Bewertung wird nicht angestellt. Die Verfassung löst die Eigenständigkeit der Zyprer auf und macht sie kurzerhand zu Türken und Griechen, was späterem Ansinnen auf ENOSIS erneut Nährboden geben konnte. Der Verweis der Verantwortlichen auf die Verfassung sollte den Schluss nahebringen, dass es eben keine Zyprer gebe, alleine Angehörige der Mutternationalitäten. Die Bewohner Zyperns wurden quasi nur durch den Wohnort Zypern mit der Staatsbürgerschaft ihres Staates ausgestattet.

Die Verfassung sieht in den Artikeln 1 und 36 eine Regelung für das Präsidentenamt vor, die ich bereits in der ersten Auflage dieser Arbeit unter dem damaligen Titel „Zypern, die ungelöste Krise" kritisiert habe: Per Verfassung fiel das Amt des Staatsoberhaupts automatisch einem Zyperngriechen zu, während die Zyperntürken sich immer mit dem Posten des Vizepräsidenten begnügen mussten. Auf den ersten Blick erscheint diese Regelung sinnvoll, andererseits hemmt sie die tatsächlich demokratische Bestimmung des Staatsoberhauptes durch die beiden Volksgruppen. Die Einschränkungen durch die Verfassung können durchaus als Begünstigung der numerisch größeren Volksgruppe angesehen werden. Dazu drei Fallbeispiele:[20]

1. Es kandidiert ein griechischzyprischer Bewerber gegen einen Kandidaten aus der zyperntürkischen Volksgruppe. Angenommen beide Kandidaten erhalten jeweils 100 Prozent der Stimmen ihrer eigenen Volksgruppe. Der griechische Bewerber wird automatisch Staatsoberhaupt, weil er die absolute Mehrheit der Stimmen auf sich vereinen kann, der Inseltürke wird sein Vize. Die Bestimmung, dass ein Grieche Präsident werden müsse, ein Türke sein Stellvertreter, ist freilich hinfällig. Änderungen in der Bevölkerungsstruktur würden durch den Wegfall dieser Bestimmungen automatisch durch das Wahlverhalten ausgeglichen und somit wäre eine Verfassungsänderung zudem überflüssig.

2. Es kandidieren zwei inselgriechische Bewerber gegen einen Türken. Dieser wird von 100 Prozent seiner Volksgruppe gewählt, erhält also 72 000 Stimmen. Die beiden zyperngriechischen Bewerber teilen sich die Stimmen in einem engen Verhältnis von 55 zu 45 Prozent. Sie können also 158 400 respektive 129 000 Stimmen auf sich vereinen. Der besser platzierte Zyperngrieche konnte nicht die absolute Mehrheit erzielen. Nach den entsprechenden demokratischen Grundsätzen müsste nun eine Stichwahl zwischen den beiden Bewerbern stattfinden, die

---

[20] Bei den folgenden drei Fallbeispielen wird der Vereinfachung halber von einer Gesamtbevölkerung von 600.000 Menschen ausgegangen. Die Zyperntürken stellen einen Anteil von 20 Prozent, machen also 120.000 Personen aus. Üblicherweise wird davon ausgegangen, dass rund 60 Prozent der Bevölkerung wahlberechtigt ist. Das ergibt 288.000 potentielle griechischzyprische und 72.000 potentielle zyperntürkische Wähler. Bei diesen Beispielen wird exemplarisch von einer Wahlbeteiligung von 100 Prozent ausgegangen.

die meisten Stimmen auf sich vereinen konnten. Der Zyperntürke fiele in diesem Fall aus dem Rennen. Gäbe es also keine gesonderte Regelung, würde Zypern in diesem Fall von zwei Inselgriechen regiert[21]. Die Zyperntürken wären damit nicht ausreichend repräsentiert. Die Regelung, dass ein Zyperntürke wenigstens Vizepräsident werden müsse, ist also sinnvoll und legitim.

3. Wiederum kandidieren zwei Zyperngriechen aus unterschiedlichen politischen Lagern gegen einen Inseltürken, der aber neben den 72 000 eigenen Stimmen auch noch 40 Prozent der griechischen Stimmen bekommt. Zugegebener Maßen ist es recht unwahrscheinlich, dass dieser Fall eingetreten wäre, dennoch hätte ein um Ausgleich bemühter Bewerber aus dem türkischen Lager mit genügend Charisma und entsprechendem Erfolg durchaus in der Lage sein können, griechische Stimmen zu bekommen, vor allem dann, wenn die Gegenkandidaten durch politische Misserfolge oder politische Lagergräben innerhalb der Gesellschaft der Zyperngriechen wenig Anhänger gefunden hätten. Die beiden Inselgriechen teilen sich nun die übrigen 172 800 Stimmen. Das Verhältnis spielt hier keine Rolle, der Zyperntürke vereint auf jeden Fall die absolute Mehrheit der Stimmen auf sich und wäre Staatspräsident. Der griechische Bewerber mit dem besseren Ergebnis würde das Amt des Vizepräsidenten ausüben. Da nach dem Zensus von 1960 der zyperntürkische Bewerber für die absolute Mehrheit mindestens 180 001 Stimmen

---

43

bräuchte, hätte es ihm gelingen müssen auf jeden Fall einen Stimmenanteil von 36,5 Prozent[22] aus dem griechischen Lager für sich zu gewinnen. Die Chancen, dies zu erreichen waren am Ende der britischen Kolonialzeit nicht gegeben. Dennoch hätten die Väter der Verfassung diese demokratische Möglichkeit m.E. offen halten müssen.

Daher hätte der entsprechende Artikel der Verfassung besser lauten sollen: „Der zyprische Staat ist eine souveräne und unabhängige Republik mit einem präsidialen System, dessen Präsident aus der Mitte des Volkes bestimmt wird. Gewählt ist derjenige Kandidat, der die absolute Mehrheit der Stimmen auf sich vereinen kann. Sein Stellvertreter wird derjenige Bewerber mit der zweithöchsten Stimmenanzahl. Erreicht kein Bewerber der türkischen Volksgruppe eines dieser beiden Ämter, wird derjenige zyperntürkische Kandidat Vizepräsident, der die meisten Stimmen für sich verbuchen kann." Zugegeben: Diese Fassung klingt komplizierter als die ausgearbeitete, ist aber dennoch demokratischer und hätte mit Weitsicht auch den Zusammenhalt der beiden Volksgruppen auf Dauer stärken können.

Ein weiterer Artikel der Verfassung, der für die Zukunft eine große Rolle spielen sollte, war Artikel 185. In diesem Artikel wurde sowohl die Union mit einem anderen Staat als auch die Teilung der Insel ausgeschlossen. Für die meisten Inselgriechen war dies aber 1960 kein Hindernis, weiterhin offen für das Ziel der ENOSIS einzu-

---

[22] In dieser vereinfachten Darstellung.

treten. Für die Zyperntürken ergab aber dieser Artikel in Verbindung mit den Bestimmungen des Garantievertrags die Sicherheit, im Falle einer gewaltsamen Durchsetzung der ENOSIS auf eine (militärische) Intervention durch die Türkei und Großbritannien hoffen zu dürfen. 1974 machte die Türkei von diesem Recht Gebrauch, während sich London aus der kriegerischen Auseinandersetzung heraushielt.

Der letzte britische Gouverneur, Sir Hugh Foot, unterzeichnete zusammen mit Erzbischof Makarios und dem türkischzyprischen Volksgruppenführer Dr. Fazil Küçük die Verträge zur Unabhängigkeit der Insel. Damit endete am 16. August 1960 nach 82 Jahren die britische Herrschaft über Zypern. Diese Zeit hat bis heute ihre Spuren hinterlassen. Noch immer leben viele ehemalige Kolonialvertreter auf der Insel. Das Verwaltungssystem beider heutiger zyprischer Staaten wurde nachhaltig von der Krone beeinflusst. Selbst die Spaltung der Volksgruppen geht teilweise auf die Kolonialpolitik Anfang und in der Mitte des 20. Jahrhunderts zurück. Am 16. August 1960 feierte die Republik Zypern ihren Geburtstag und nicht wenige ahnten schon damals, dass dieser Staat nicht sonderlich alt werden würde.

2. Die Republik Zypern im Zeitraum von 1960 bis 1974

Die UdSSR brachte es auf rund 70 Jahre, die DDR wurde im 42. Jahr ihrer Existenz aufgelöst und es kam zur deutschen Wiedervereinigung. Ebenfalls rund 70 Jahre bestanden die Tschechoslowakei oder Jugoslawien als Einheitsstaat. Wohl kein anderer Staat der

Neuzeit außer Zypern zerbrach bereits im vierten Jahr nach der Gründung. Zwar besteht die Republik Zypern offiziell fort, doch sind die Verfassung und der legitime Vertragshintergrund längst nicht mehr existent. Manche Wissenschaftler sehen den Zusammenbruch der Republik Zypern erst im Jahre 1974, als die geographische Zweiteilung der Insel festgeschrieben wird. Da lebten die beiden Volksgruppen aber bereits seit über zehn Jahren parallel nebeneinander her, getrennt und teilweise geteilt. Die internationale Sichtweise geht aber seit den Kriegswirren von 1963/64 davon aus, dass die Republik Zypern fortbesteht, obwohl die Zyperntürken ihrer politischen Position beraubt wurden, die Garantieverträge einseitig aufgekündigt wurden und die Verfassung nicht mehr in ihren Grundfesten von 1960 angewendet wurde, das einheitliche Parlament seit 1963 nicht mehr besteht und über all diese Entwicklungen niemals im Parlament entschieden wurde, sondern diese vielmehr durch schlüssiges Handeln herbeigeführt wurden. Dass dies teilweise der feste politische Wille der führenden Politiker im Lager der Zyperngriechen war, beweist eine Aussage des Chefs der sozialistischen EDEK[23] im griechischen Teil Zyperns, Vassos Lyssarides[24]. Bei einem Besuch einer Delegation deutscher Politiker der Jugendorganisation der SPD (JUSOS) im Juli 1999 vertrat er die Ansicht, es wäre bereits 1960 ein entscheidender Fehler gewesen, die Zyperntürken

---

[23] Die EDEK verficht einen harten nationalistisch-hellenistischen Kurs. In ihr finden sich sowohl liberale Flügel wie auch chauvinistisch-nationalistische Gruppierungen.

[24] Jahrgang 1920.

überhaupt mit diesen weitreichenden Rechten auszustatten. Man habe ja sehen können, wie dies später ausgenutzt wurde.

Die junge Republik Zypern stand vor großen Hürden. Die beiden Volksgruppen, die sich die Jahre vor der Unabhängigkeit in einem Bürgerkrieg zusehends weiter verfeindet hatten, mussten nun gemeinsam unter Beachtung einer sehr sensiblen Verfassung einen Staat organisieren. Um die späteren Konflikte – auch im Zusammenhang mit den Konflikten um die Verfassung – besser einordnen zu können, sei an dieser Stelle ein Blick auf andere Volksgruppenkonflikte geworfen und deren Ausgang vorgestellt, sofern diese Krisen nicht fortdauern. Dazu aber ist es auch notwendig, die Genese des Zypernkonflikts kurz zu umreißen, auch wenn darauf im Folgenden noch detailliert eingegangen wird. Makarios III., erster Staatspräsident Zyperns, schlägt Ende 1963 vor, die Verfassung zu ändern. Inhalt dieser Verfassungsänderung ist die politische Eliminierung der Zyperntürken als gleichberechtigte Volksgruppe. Diese boykottierten daraufhin die politische Entscheidungsfindung. Griechischzyprische Illegalenverbände begannen mit Angriffen auf türkische Zivilisten. Es kommt zum zweiten Bürgerkrieg. Tausende Zyperntürken werden vertrieben, am Ende fliegt die türkische Armee Luftangriffe gegen griechische Stellungen um den einzigen direkten türkischen Meereszugang zu sichern. Nach Beendigung des Krieges werden VN-Blauhelme auf der Insel stationiert. Sie ziehen die so genannte *Green Line* durch die Hauptstadt Nikosia. Auch sonst leben die Türken in städtischen Ghettos oder ländlichen Enklaven getrennt von den Griechen. Sie organisieren sich politisch selbst, werden aber international nur von der Türkei unterstützt. Die Weltgemeinschaft anerkennt weiterhin alleine die Republik Zypern, die aber nur mehr durch die Zyperngriechen vertreten wird. Unter Federführung des General Grivas und der griechischen Militärjunta wird die ENOSIS vorbereitet, der sich Erzbischof Makarios mittlerweile nicht mehr mit vollem Einsatz widmet. Am 15. Juli 1974 verübt das griechische Militär zusammen mit der „Nationalgarde Zyperns" einen Putsch gegen Makarios. Fünf Tage später landet die türkische Armee auf der Insel um die Sicherheit der Inseltürken zu gewährleisten. Es kommt zu Verhandlungen in Genf, die aber erfolglos verlaufen. Die Angriffe auf die türkischzyprische Zivilbevölkerung reißen nicht ab, sodass die türkische Armee 36,4 Prozent des Inselterritoriums zum Schutz der Zyperntürken besetzt. Die Insel wird entlang der so genannten *Attila-Linie* geteilt. Ein geordneter Bevölkerungsaustausch kann vertraglich ausgehandelt werden, sodass es zu keinen weiteren Fluchtbewegungen mehr kommt.

Überall, wo mehrere Volksgruppen in einem Staat zusammenleben, gibt es leicht politische Schwierigkeiten, wenn nicht politisch klare und wirtschaftlich stabile Verhältnisse vorliegen. Und selbst dann – vgl. Belgien – gibt es immer mal wieder Konflikte, auch wenn diese glücklicherweise nicht (oder nur sehr begrenzt) gewalttätig sind und eskalieren. Selbst in Europa findet man zahlreiche solche Konflikte: Sei es der Krisenzustand in Nordirland gewesen, seien es die Kriege im ehemaligen Jugoslawien oder Abspaltungsbewegungen wie im Baskenland oder in Katalonien.

Ein besonderes Augenmerk verdient in diesem Zusammenhang aber sicherlich der Nahostkonflikt. Trotz größter diplomatischer Bemühungen konnte es nicht gelingen, Palästinenser und Israelis am Ende der Amtszeit des US-Präsidenten Bill Clinton an den Verhandlungstisch zu bringen. Die neuerlichen Spannungen seit Herbst 2000 haben einmal mehr gezeigt: Im Moment ist ein friedliches Zusammenleben der beiden Völker nicht möglich. Die Konfliktzonen Westjordanland, Gaza-Streifen, Westbank und vor allem Jerusalem und die jüdischen Siedlerzonen geben immer wieder Anlass zu gewalttätigen Auseinandersetzungen. Die Anerkennung eines eigenen Palästinenser-Staates sollte nur mehr eine Frage der Zeit sein. Allerdings ist die Nahost-Politik von US-Präsident Trump wenig durchschaubar und die Entwicklung kaum absehbar. Die Palästinenser haben Verbündete innerhalb der arabischen Welt. Dies ist der entscheidende Unterschied zu Zypern. Im Grunde sind die beiden Konfliktherde durchaus miteinander vergleichbar. Jedoch ist die Lage auf Zypern mehr oder weniger friedlich. Bis auf einige Auseinandersetzungen an der innerzyprischen Grenzlinie in den 1990er Jahren und heftigere Wortgefechte zwischen Politikern beider Volksgruppen ist die Lage ruhig. Daher sieht man sich international nicht veranlasst, dringend zu handeln. Aber vor dieser laxen Haltung kann nur gewarnt werden. Man sollte in Sachen Zypern vom Nahostkonflikt lernen: Es bedarf des grundsätzlichen Willens zur Verhandlung. Die Autonomie der Zyperntürken muss ähnlich der der Palästinenser anerkannt und zementiert werden, nur so lassen sich Schritte der Annäherung erreichen und nur so kann von den Opfern aller Zypernkrisen, den Türken, auch verlangt werden, sich auf den Süden zuzubewegen. Bislang geht man hier den falschen Weg: Die Türken Zyperns werden zu Zugeständnissen gedrängt, die sie am Ende hinter das Erreichte von 1959/60 zurückwerfen würden.

Wie Zypern ist auch Jugoslawien als Vielvölkerstaat gescheitert. Der Staat zerbrach nach dem Tod Titos am Machtstreben des serbischen Volksteils. Schlussendlich wurde ganz Jugoslawien in einen blutigen Krieg gerissen. Die Abspaltung Sloweniens und Kroatiens half, gesellschaftliche Konflikte hier bis heute zu vermeiden. Serbien, Bosnien und Mazedonien sind nach wie vor Vielvölkerstaaten. Der Kosovo-Krieg 1999 hat gezeigt, dass auch hier die Dominanz einer Volksgruppe über die andere meist in kriegerischen Spannungen gipfelt.

Auf Seiten der Zyperngriechen wird immer wieder die deutsche Wiedervereinigung als Vorbild und Vergleich für Zypern angeführt. Auch wenn es auf den ersten Blick tatsächlich als Parallele angesehen werden könnte, hinkt dieser Vergleich dennoch. Deutschland wurde nach dem Zweiten Weltkrieg durch die Siegermächte geteilt. Zyperns Teilung ist Folge einer inneren Auseinandersetzung am Jahreswechsel 1963/64 und Folge des Putsches gegen Makarios im Juli 1974 und hat ihre Wurzeln in den Spannungen zwischen den Volksgruppen. In Deutschland gab es ein Volk, welches von außen getrennt wurde. Die Volksgruppen auf Zypern unterscheiden sich in Religion und Sprache deutlich voneinander.

Wenn ein Staat, bzw. zwei Staaten heute als Vorbilder für Zypern dienen könnten, wären dies die Slowakische und die Tsche-

chische Republik. Die Trennung der ehemaligen CSFR in diese beiden neuen Staaten zeigt, dass es ohne Gewalt zur Teilung kommen
kann. Die Forderung für Zypern müsste dann lauten: die Teilung anzuerkennen und friedvoll zusammenzuarbeiten. Doch kann bezwei-
felt werden, dass die Zyperngriechen jemals eine Anerkennung der
Türkischen Republik Nordzypern (TRNC) akzeptieren würden.

Ebenfalls teilweise vergleichbar wäre die Apartheid in Süd-
afrika gewesen. Zwar wurden die Zyperntürken niemals in derart
drastischer Weise erniedrigt wie die Schwarzen Südafrikas, zumal
diese die Mehrheit in ihrem Land darstellen. Dennoch sind Paralle-
len zu erkennen. Auch die Überwindung der Apartheid könnte eine
beispielhafte Wirkung auf Zypern haben. Dazu aber müssten die
scheinbar unüberwindbaren Barrieren zwischen den Volksgruppen
aufgebrochen werden und ein wirklicher Wille zur Anerkennung der
Eigenständigkeit der beiden Volksgruppen erkennbar werden.

Weitere traurige Beispiele für Kriege in Vielvölkerstaaten sind
die Krisen in Ruanda und Burundi, der Zerfall Zaires in die Demokratische Republik Kongo, die Unruhen auf zahlreichen Inseln des Ar-
chipels Indonesien[25], so zum Beispiel in Irian Jaya, der Insel Aceh
oder auf Sumatra. Ein sicherlich mit Zypern vergleichbarer Konflikt
ist Somaliland. Das 1991 von Somalia abgetrennte Land erklärte
sich für unabhängig, wurde aber international nicht anerkannt. Das
kleine Land versucht durch den Aufbau eigener Strukturen neue

---

[25] Durch die Abspaltung Ost-Timors konnte auch hier Konfliktbewältigung geübt
werden.

Wege zu gehen und so den politischen Wirren im Staatsgebiet Somalias zu entgehen. Die Anerkennung bleibt den Bewohnern Somalilandes versagt, obwohl ihre Eigenständigkeit weit in die Geschichte zurückreicht und kein klassischer Fall von Separatismus vorliegt, wie beispielsweise in Tschetschenien oder den Unabhängigkeitskämpfen in Teilen Indonesiens.

Obwohl es noch weitere vergleichbare Konfliktherde gibt – beispielsweise die kanadische Provinz Quebec, wo es zwar nicht zu gewalttätigen Auseinandersetzungen kommt, aber die Spannung zwischen dem französisch sprechenden Teil der Bevölkerung und der englischen Minderheit in dieser Provinz dennoch latent vorhanden ist – und alle in manchen Punkten Vergleiche zu Zypern zulassen, sollte man den Zypernkonflikt doch als einen sehr eigenständigen betrachten. In der Literatur wird der Zypernkonflikt oftmals auch als der „klassische" Volksgruppenkonflikt dargestellt, zumal die Krise auf der Insel seit nunmehr über fünf Jahrzehnten schwelt und das eingeschränkte Inselterritorium erst einmal nur Binnenfluchtbewegungen zulässt, sieht man von Wanderungsbewegungen nach Griechenland und in die Türkei bzw. nach Großbritannien einmal ab.

Gemeinsamkeiten fast aller Volksgruppenkonflikte in Vielvölkerstaaten sind Bestrebungen einer oder mehrerer Gruppen, Teile des Landes abzuspalten bzw. größeren politischen Einfluss zu erhalten (Hegemoniebestrebungen). Oftmals dominiert eine Volksgruppe die politische Landschaft und kontrolliert das ökonomische Geschehen (vgl. Hutus über Tutsis in Ruanda). Dies trifft so nun auch auf

Zypern zu: Die Griechen beherrschten zu dieser Zeit die politische Landschaft, nachdem sie die Verfassung an verschiedenen Stellen unterwanderten. Die Zyperntürken begegneten dem mit dem Wunsch nach Abspaltung. Worin besteht aber das Spezifikum des Zypernkonflikts? Der Einfluss der beiden Mutterländer Griechenland und Türkei war und ist für die Entwicklung auf Zypern von enormer Bedeutung. Die beiden Staaten üben massiven Einfluss auf die Insel aus. Sollte es je auf Zypern zu kriegerischen Auseinandersetzungen kommen, hat dies zwangsläufig zur Folge, dass auch die Mutterländer in irgendeiner Form daran beteiligt wären. Im schlimmsten Fall würde dies direkten Krieg zwischen zwei Nato-Partnern bedeuten. Daher ist Zypern immer ein besonders fragiler Spielball zwischen Griechen und Türken. Die Situation auf der Insel kann nicht außer Acht gelassen werden, wenn es um die schwierigen nachbarschaftlichen Beziehungen zwischen Athen und Ankara geht. Erst durch die beiden Außenminister Papandreou und Cem konnte nach den schweren Erdbeben im Sommer 1999 eine Annäherung der beiden Südeuropäer beobachtet werden, die auch für Zypern hoffen ließ. Allerdings haben sich die Verhältnisse seit einigen Jahren wieder verschlechtert.[26]

Die UNO-Blauhelme auf Zypern sind eine wichtige Stütze zur Erhaltung des Friedens, der bis heute nichts weiter ist als ein Waffenstillstand. Wie leicht die Lage zu eskalieren droht, sah man einst bei den Unruhen im Sommer 1996, wo zwei Menschen starben. Ich

---

[26] Spätestens nachdem Griechenland türkische Soldaten nach dem Putsch gegen den türkischen Präsidenten Erdogan (2016) nicht an die Türkei auslieferte.

selbst habe im Juli 1999 miterlebt, wie eine Delegation deutscher Politiker unter Schirmherrschaft der *Friedrich Ebert Stiftung* (Athen) ein Arbeitsessen im Norden Zyperns abhielt. Dazu wurde die Grenze von Süd nach Nord für einige Stunden überschritten. Bei der Rückkehr wurde die Gruppe von aufgebrachten Frauen erst beschimpft und später eine junge Frau gar tätlich angegriffen. Auch Ende 2000, Anfang 2001 kam es zu Spannungen im einzigen gemischten Dorf der Insel (griech. Pyla, türk. Pile), als dort ein mutmaßlicher türkischer Drogendealer von griechischen Beamten verhaftet wurde und es in Folge der Spannungen zu Truppenverlegungen näher an das jeweils andere Gebiet kam. Allerdings hat die Grenzöffnung im Frühjahr 2003 zu wesentlicher Entspannung beigetragen.[27]

Ganz zu Beginn der Unabhängigkeit der Republik überwog bei beiden Volksgruppen die Freude, den Kolonialherren Großbritannien „los geworden" zu sein. Doch schon wenige Monate nach Erlangung der Souveränität kehrten auf inselgriechischer Seite die Forderungen nach ENOSIS zurück. Selbst elf Jahre später stand für Makarios noch immer fest:

> „Zypern ist griechisch. Zypern war griechisch seit Anbeginn seiner Geschichte und es wird griechisch bleiben. Griechisch und ungeteilt haben wir[28] es übernommen, griechisch und

---

[27] Seitdem kommt es allerdings gelegentlich zu Übergriffen auf türkischzyprische Autos im Süden. Diese sind aufgrund der unterschiedlichen Kennzeichen leicht auszumachen.

[28] Die Türken der Insel blendet er dabei freilich aus.

ungeteilt werden wir es erhalten, griechisch und ungeteilt werden wir es an Griechenland übergeben."[29]

Doch schon bevor es zum Wiederaufflammen der nationalistischen Idee kam, durchlitt die junge Republik ernste Probleme. Die zyperntürkischen Einheiten der zu schaffenden einheitlichen Armee weigerten sich, sich von griechischen Offizieren befehligen zu lassen. Die Armee sollte in einem Verhältnis von 60:40 zu Gunsten der Zyperngriechen zusammengestellt werden. Vizepräsident Dr. Fazil Küçük legte in diesem Zusammenhang sein einziges Veto seiner Amtszeit ein. Die Zyperngriechen begannen daraufhin sich selbst in mehreren Illegalenverbänden zu organisieren. Einer dieser Verbände wurde u.a. von Makarios' Leibarzt, Vassos Lyssarides unterhalten, dem einstigen Vorsitzenden der Sozialistenpartei EDEK.

Von der Verfassung sogar vorgesehen wurde die Stationierung von 950 griechischen und 650 türkischen Soldaten zur Ausbildung der Armeeeinheiten, die es nun aber gar nicht gab. Überhaupt stellt sich die Frage, ob es Sinn machte, Soldaten aus den Mutterländern auf die Insel zu holen. Der Insel Zypern drohte zu jener Zeit keine militärische Gefahr von den Nachbarn. Israel, Ägypten, Syrien und der Libanon hatten kein Interesse an Zypern gehabt und waren politisch mit dem Nahostkonflikt befasst. Die einzigen Länder, die je Interesse an Zypern hatten, waren Griechenland und die Türkei. Um eine etwaige Bedrohung abzuwehren wurde der Garantievertrag ge-

---

[29] Makarios III. am 14. März 1971 auf einer politischen Veranstaltung. Zitiert nach Uwe Berner, Das vergessene Volk, S. 17.

schaffen. Man konnte die fatalen Folgen später ablesen, als die griechische Armee Zypern unterwanderte, gestützt auf die rund tausend Militärs, die sich legal auf der Insel befanden. Durch die Stationierung der Soldaten aus den Mutterländern wuchs auch die Gefahr eines griechisch-türkischen Kriegs im Falle einer militärischen Auseinandersetzung auf der Insel.

In der Hauptstadt Nikosia und den vier größeren Städten Larnaka, Limassol, Paphos und Famagusta wurden die seit 1958 bestehenden getrennten Stadtverwaltungen beibehalten. Dies gewährte der zyperntürkischen Volksgruppe in den Städten mehr Autonomie und administrative Freiheit. Daher entstand der Eindruck, dass das Leben in den Städten besser funktionierte als auf dem Land, wo die gemischten Dörfer durchwegs eher griechisch dominiert waren. Darin verbarg sich einiger Sprengstoff, vor allem was staatliche Zuschüsse anbelangte.

Ein weiteres, weitaus gewichtigeres Problem war die Vergabe von Stellen im öffentlichen Dienst. In den Verträgen von London und Zürich konnten sich die Delegationen darauf einigen, den Zyperntürken einen Anteil von 30 Prozent dieser Stellen zuzusichern und dies auch vertraglich festzuschreiben. Daher mussten bis Januar 1961 einige Stellen auf griechischer Seite abgebaut werden, um die Posten des Proporzes halber mit Türken zu besetzen. Für die entlassenen Zyperngriechen waren derartige Maßnahmen unverständlich, sie nährten weiter Missgunst und waren Zündstoff für die Zukunft, zumal die meisten Zyperngriechen sich ja nach wie vor als die rechtmäßigen Herrscher über Zypern betrachteten und die Zyperntürken als eine Minderheit ansahen.

Ein fataler Fehler der zyperngriechischen Politik war der scheinbare Zwang, ENOSIS weiterhin verfolgen zu müssen. Diese Ansichten wurden auch durch die kirchlichen Institutionen manifestiert. Kirche und Staat waren spätestens seit der Wahl Makarios' zum Staatspräsidenten nicht mehr zu trennen. Der Staat machte kirchliche Glaubenspolitik für die Insel und umgekehrt mischte sich die Kirche in Fragen der Tagespolitik ein. Die einheitliche ENOSIS-Politik wurde vom Innenminister des Gesamtstaates, Georgadsis, koordiniert. Georgadsis sah sich selbst aber nicht als Innenminister beider Volksgruppen. Für ihn zählte alleine die griechische Volksgruppe. Nur wer ausreichend nationale, was bedeutete: panhellenistische, Gesinnung aufweisen konnte, durfte mit Beförderung in höhere Ämter rechnen. Uwe Berner listet in seiner Arbeit „Das vergessene Volk" einige Fälle auf, wo es bei der Besetzung von Stellen nicht um Qualifikation ging, sondern um die Zugehörigkeit zu einer Volksgruppe, bzw. einer politischen Gruppierung. So wurden fachfremde Bewerber solchen mit Erfahrung vorgezogen, wenn letztere bereits für die englische Krone tätig waren. Auch kam es nicht selten vor, dass hoch qualifizierte Bewerber der ENOSIS skeptischer gegenüber standen und deshalb nicht zum Zuge kamen. Einige sprachen sich dann dennoch für die Union mit Griechenland aus und unterstützten die politische Marschrichtung.

Immer wieder kam es auch in der Verwaltung zu Komplikationen zwischen den beiden Volksgruppen. Die Zyperngriechen warfen dabei den –türken häufig vor, sie würden die Arbeit blockieren und wären nicht kooperativ. Tatsache ist, dass die griechischzyprische Politik auf Unterwanderung der Verfassung abzuzielen schien. Dies konnten die Zyperntürken freilich so nicht hinnehmen.[30] Der folgenschwerste Konfliktfall in diesem Bereich aber war das Nichtzustandekommen der einheitlichen Armee (siehe oben). Damit nämlich wurde der Weg frei für paramilitärische Splittergruppen, die sich somit in einem mehr oder weniger rechtsfreien Raum bewegen konnten, obwohl sie als klar verfassungswidrig anzusehen gewesen wären.

Durch die angespannte Lage auf der Insel wurde die Republik Zypern von vielen nur noch als Übergangsstadium zur Erlangung der Einheit mit dem griechischen Mutterland angesehen. Die Kontakte zwischen Athen und Nikosia waren eng. Bis heute muss man Griechenland als den Ursprung des zyperngriechischen Nationalismus ansehen. Am 28. September 1962 reiste Erzbischof Makarios nach Athen, um mit dem griechischen König Gespräche über eine einheitliche politische Linie zu führen. Dabei kam auch die Frage auf, welchen Weg man zum Ziel ENOSIS einschlagen wolle. Am 2. Oktober erklärte Makarios dann seinen Standpunkt bezüglich der Beziehungen zwischen Athen und Nikosia. Er erklärte, die Zyprer[31] hätten Griechenland immer als ihr nationales Zentrum betrachtet

---

[30] Uwe Berner, Das vergessene Volk, S. 101ff.

[31] Und er meinte damit ausschließlich den griechischen Bevölkerungsanteil.

und Griechenland bewundert. Auch wenn der zyprische Hellenismus in das Kleid eines anderen Staates gewickelt wäre, die Augen der Zyprer wären immer in Richtung Mutterland gerichtet. Mit solchen Aussagen machte er sich in Athen beliebt und konnte seine Position auf der Insel festigen, während man in Ankara und bei den Zyperntürken Zweifel hegte, ob die Existenz der Republik Zypern auf festem Boden fußte. Ähnlich wie in Deutschland in den späten 1940er und den 50er Jahren die USA bewundert und deren politische Konzepte als eine Art Allheilmittel angesehen wurden, verklärten die Zyperngriechen Athen, obwohl ein überwältigender Teil der Bevölkerung noch nie in Griechenland gewesen war.

Um aber das politische Ziel verwirklichen zu können, das wussten die politischen Agitatoren, musste die zyperntürkische Volksgruppe weitgehend bedeutungslos werden – zumindest als einflussreicher politischer Faktor verschwinden. Sie waren es, die nach Ansicht vieler Zyperngriechen und auch deren politischer Führung die ENOSIS aufhielten und eine „reibungslose" Arbeit der Administration der Republik verhinderten. Wäre es aber das Bestreben der Zyperngriechen gewesen, nach den Vorschriften der Verfassung zu handeln, nie wäre die Behauptung aufgekommen, irgendjemand blockiere die tagespolitischen Abläufe. Die inselgriechische Führung gab zudem dem Unmut Nährboden, indem sie immer wieder darauf verwies, dass der zyperntürkischen Volksgruppe, die nur einen Anteil von etwa 20 Prozent an der Gesamtbevölkerung ausmachte, 30 Prozent der Stellen im öffentlichen Dienst zugeteilt wurden. Auch sei die Sitzverteilung im gemeinsamen Parlament mit 30 Prozent zu

hoch. Selbst heutzutage kann man diese Argumentationsweise hören.[32] Allgemein herrschte in jenen Zeiten die Meinung vor – und sie
wird teilweise bis heute konserviert – , dass die zahlenmäßige Minderheit: die Zyperngriechen an der Durchsetzung der Selbstbestimmung und damit der Umsetzung des ENOSIS-Wunsches gehindert
hätte.[33] In den Augen der Inselgriechen hätten so genannte klassische Minderheitenrechte für die Türken Zyperns ausgereicht, zumal
diese für manche nicht einmal als Zyprer galten. So breiteten sich
immer rascher Kampagnen und anti-türkische Propaganda aus. Uwe
Berner schreibt in seinen „Zyprischen Blättern": „Daneben wurden
heimlich Waffen gesammelt und viele Gruppen rüsteten zum Bürgerkrieg."[34] So kann als Fazit festgehalten werden, dass es durch den
Abzug der britischen Krone zwar zu einem Ende des Bürgerkriegs
zwischen Griechen und Türken bzw. zu einem Ende des blutigen
EOKA-Terrors gegen die britische Kolonialmacht gekommen war, die
Volksgruppen aber keineswegs versöhnt in Eintracht der Zukunft
entgegensahen. Dennoch darf nicht unterschlagen werden, dass
etliche Zyperntürken, die zwischen 1955 und 1959 ihre angestammten Dörfer verlassen mussten, in diese zurückkehren konnten. Auch
konnten alte Freundschaften oftmals fortbestehen.

---

[32] In unzähligen Gesprächen wurde mir diese Sichtweise immer wieder bestätigt
und als eine der Ursachen für die heutige Lage auf der Insel geschildert.

[33] Verschwiegen wird dabei, dass die politische Führung die Verträge von London
und Zürich aber unterzeichnet hatte.

[34] Uwe Berner, Zyprische Blätter – Der Zypernkonflikt, S. 9.

Die Politik schlug einen wesentlich weniger versöhnlichen Weg ein als die Zivilgesellschaft. Die Zyperntürken mussten strikt darauf achten, dass Recht und Gesetz eingehalten wurden. Gaben sie den griechischen Amtsträgern zu große Freiräume, mussten sie fürchten, durch die Einführung von Gewohnheiten mehr und mehr der mühsam erstrittenen Rechte wieder zu verlieren. Immer wieder wurde auf griechischer Seite die Behauptung laut, die Verfassung mache das Funktionieren der Staatsgewalt unmöglich. Man betrachtete die Verfassung als handlungsunfähig. Dies stimmte freilich nur dann, wenn das Staatsziel nicht das friedliche Zusammenleben der beiden Volksgruppen unter dem Dach der Partnerschaftsrepublik war, sondern ENOSIS hieß. Immer häufiger kam es zu Konflikten, die vor dem neutralen Verfassungsgericht landeten. Dessen Vorsitzender, Prof. Dr. Ernst Forsthoff, ein Professor aus Heidelberg, trat im Frühjahr 1963 resigniert von seinem Amt zurück.

Die griechischzyprische Seite agierte taktisch geschickt: Es gelang ihr, die nach außen wirkenden Posten zu besetzen, sodass Diplomatie und Weltöffentlichkeit fast ausschließlich die griechischen Ansichten zu hören bekamen. Langfristig hatte dies zur Folge, dass man bis heute den griechischen Teilstaat Zyperns als „Republik Zypern" anerkennt und den Zyperntürken international jede Plattform verweigert, ihren Standpunkt kundzutun. Ein Zusammentreffen des ersten Präsidenten der TRNC, Rauf Denktaş, mit dem ehemaligen Bundestagsvizepräsidenten, Burkhard Hirsch (FDP), sorgte 1996 für einigen Wirbel. Selbst der sozialdemokratische Bundestagsabgeordnete Eckhart Kuhlwein nannte das Treffen einen „Skandal". Mit dem Wechsel der Bundesregierung 1998 und der allmählichen Öffnung der Europäischen Union für die Türkei verbesserte sich auch das Klima in dieser Situation etwas. So traf im Februar 2000 Bundesaußenminister Joschka Fischer (Bündnis 90/ Die Grünen) mit Denktaş zusammen. Spätere Besuche zyperntürkischer Politiker in Deutschland schlugen kaum mehr höhere Wellen. Gerhard Schröder hat nach seiner Amtszeit als Bundeskanzler den Norden Zyperns besucht, ebenso die Grünen-Politikerin Claudia Roth.

Schon in den 60er Jahren mehrten sich die Stimmen, dass im Grunde der Minderheit zu viele Rechte zugestanden worden waren. Dies kann durchaus als internationales Echo auf die zyperngriechische Politik verstanden werden. Somit war es den Zyperngriechen gelungen, den türkischzyprischen Druck, die Verfassung peinlich einzuhalten, als „stures Boykottieren" darzustellen. Dadurch wurden die Türken Zyperns, die nun erst recht auf der Einhaltung der Verfassung bestanden, um sich vor ENOSIS zu schützen, erneut Zielscheibe „ENOSISistischer" Propaganda und panhellenistischer Bestrebungen.

Schon vor Makarios' großen Verfassungsvorschlägen kam es zu kleineren Änderungen, die die Zyperntürken in ihren erstrittenen Rechten beschnitten. Sie akzeptierten des Gesamtfriedens wegen aber diese Änderungen. Schlussendlich entwickelte sich die Verfassungsfrage zum Leitmotiv des griechischen Handelns.[35] Der Erzbischof und Staatspräsident ging taktisch weiterhin sehr ge-

---

[35] Vgl. Uwe Berner, Das vergessene Volk, S. 113.

schickt vor. Er bewegte sich mittlerweile auf dem internationalen Parkett so sicher, dass er es sich auch erlauben konnte, Realitäten der Insel etwas verzerrt darzustellen. So machte Makarios immer wieder deutlich, dass die beiden Volksgruppen nicht an der Ausarbeitung der Verfassung beteiligt gewesen wären bzw. diese die Ergebnisse bei den anstehenden Konferenzen nur mehr hätten abnicken dürfen. Die Verfassung wäre demnach ungerecht und den Zyprern aufoktroyiert worden. Man hätte das Regelwerk nur deshalb angenommen, um ein Ende der britischen Herrschaft zu erzielen. Dass Makarios mit einer Delegation unter Glafkos Klerides selbst an der Ausarbeitung der Verfassung beteiligt war, wurde an anderer Stelle bereits erwähnt. Auch gibt Makarios in einem Geheimpapier selbst zu, dass auch ein Plebiszit, wie er es nachträglich immer wieder einforderte, zu jener Zeit sicherlich eine Annahme der Verfassung zur Folge gehabt hätte.

Eine Verfassungsänderung in größerem Stil bahnte sich also früh an. Auch im allgemeinen politischen Betätigungsfeld versuchten die führenden Zyperngriechen die inseltürkische Volksgruppe auszuschalten. Innenminister Georgadsis plante ein vertrauensbrechendes Komplott, den sogenannten Akritas-Plan, von dem auch andere wichtige Inselgriechen, wie Erzbischof Makarios und der spätere Präsident Klerides, der diesen Plan als erster veröffentlichte, Kenntnis hatten. Dieser Plan sah zwei unterschiedliche Ziele vor. Der innere Aspekt zielte auf die Eliminierung der Inseltürken ab, während nach außen eine friedliche, diplomatische Lösung angestrebt werden sollte. Die Internationalisierung des Konflikts war oberstes außenpolitisches Ziel – immer verbunden mit unzähligen Beteuerungen, dass die Zyperntürken die politische Arbeit behinderten, dass die Minderheit zu viele Rechte besäße, diese missbrauche und die Verfassung den Zyprern[36] aufgezwungen sei. Im Akritas-Plan selbst wird dieser Außeneffekt bereits als teilweise erfolgreich abgeschlossen beschrieben. Dem Text ist zu entnehmen, dass die Beteiligten sehr wohl um die Richtigkeit der Verfassung wussten und sich auch bewusst waren, dass die Arbeitsfähigkeit mehr oder weniger auch von ihrem Willen abhing. So kann durchaus behauptet werden, dass es sich bei allen nach außen hin getätigten Darstellungen alleine um taktische Propaganda handelte. In der von Klerides veröffentlichten Fassung des Plans heißt es, die Verfassungsänderung müsse „als Erleichterung der administrativen Arbeit dargestellt werden". International mussten die Änderungen als gerecht und gerechtfertigt angesehen werden – auch für die Minderheit der Zyperntürken. Dabei war streng darauf zu achten, dass es zu keiner militärischen Intervention von außen kam. Alleine die Garantiemacht Türkei konnte daran Interesse haben. Wenn aber der internationale Druck auf Ankara groß genug wäre, weil die Änderungen als legitim betrachtet würden, könnte man die Türkei zurückhalten und sie würde im Interventionsfall international als Aggressor dargestellt. Eine Taktik, die 1974 dann auch aufging. Dies zeigt deutlich, welche Spielräume die Verfasser des Plans nutzen wollten. Ihr Ziel hieß ENOSIS. Offen wird das aber nicht angesprochen. Dieses Ziel sollte auch durch die Aufkündigung des Garantievertrages erreicht wer-

---

[36] Im Sprachgebrauch der inselgriechischen Politik waren dies ausschließlich die Griechen Zyperns.

den, der im engen Zusammenhang mit dem Artikel 185 der Verfassung steht, der weder die Union mit einem anderen Land zulässt, noch die Teilung Zyperns. Man rechnete sich aus, dass eine türkische Intervention als illegal angesehen würde, wenn der Garantievertrag einseitig aufgekündigt wurde. Den Planern unter Georgadsis war also vollkommen bewusst, dass die taktischen Schritte sowohl die Zyperntürken auf den Plan rufen würden als auch deren Schutzmacht in Ankara. Nach Änderung der Verfassung und Aufkündigung des Garantievertrages sollte die „endgültige Freiheit" erreicht werden, was nichts anderes bedeutete als die Ausrufung der ENOSIS. Man kalkulierte, dass die Verfassungsänderungen heftige Reaktionen bei der zyperntürkischen Bevölkerung auslösen würde. Dieser Aufruhr konnte dann als illegaler Aufstand der rebellierenden Minderheit niedergeschlagen werden, ohne dass die internationale Staatengemeinschaft Partei für die Türken Zyperns ergreifen würde. Innenminister Georgadsis, der als Gegner der Türken bekannt war, plante aber mit seinen Illegalenverbänden zudem Anschläge im Verborgenen, um die Türken Zyperns zu dem Aufruhr erst zu provozieren. Zusammengefasst ergaben sich folgende Hauptziele des Akritas-Plans:

a) der Versuch, internationale Anerkennung für die geplanten Verfassungsänderungen zu erlangen;

b) anschließend die Verfassung in fundamentalen Punkten zu ändern und dabei das beschlossene Partnerschaftsprinzip aufzukündigen;

c) die Garantieverträge aufzukündigen, um so ein Intervenieren Ankaras als Aggression anprangern zu können; die Kündigung musste auf internationale Zustimmung stoßen;

d) den Zyperntürken klassische Minderheitenrechte zu gewähren, anstatt sie als zweites Staatsvolk dulden zu müssen;

e) die Vollendung der ENOSIS als letzter Schritt.

Zwar argumentieren Autoren, wie beispielsweise Pavlos Tzermias, von ENOSIS dürfe in diesem Zusammenhang nicht die Rede sein, da sie nicht ausdrücklich im Arkitas-Plan erwähnt wird. Dagegen aber spricht die allgemeine politische Marschrichtung der zyperngriechischen Agitatoren.[37] Die Erwähnung des Wortes „Freiheit" dürfte hier durchaus als Platzhalter für ENOSIS gegolten haben.

Der Akritas-Plan kann als wichtigstes Beweismittel angesehen werden, wenn es darum geht, die griechischen und inselgriechischen Behauptungen, Zypern sei heute nur geteilt, weil 1974 Ankara den Norden okkupiert habe, zu widerlegen. Die Vorstellungen, die durch den Akritas-Plan verwirklicht werden sollten, stellten eine fein durchdachte politische Intrige dar und enthielten Elemente eines geplanten Genozids an der zyperntürkischen Bevölkerung.[38] Die fortdauernden Äußerungen führender Politiker der Zyperngriechen, allen voran die des Erzbischofs, beweisen, dass das Hauptziel ENOSIS war. Der Rahmen, wie die Union mit Griechenland vollzogen werden sollte, musste aber legal erscheinen. Um diesen legalen

---

[37] Vgl. Klaus Hillenbrand, Cypern, S. 59.

[38] Siehe dazu vor allem Harry Scott Gibbons, The Genocide Files, London 1997.

Rahmen zu kreieren, das sah eben der Akritas-Plan vor, mussten Bedingungen geschaffen werden, die von der Weltgemeinschaft als legal angesehen würden. Um dies zu erreichen wurden im Verborgenen auch illegale Mittel angewandt. Die Weltöffentlichkeit sah damals mit verschlossenen Augen zu und will diesen Fehler im Nachhinein nicht mehr korrigieren.

Nochmals muss an dieser Stelle auf die militärische Struktur eingegangen werden. Die einheitliche Armee Zyperns kam wie erwähnt nicht zustande, der türkischzyprische Verteidigungsminister Osman Örek wurde so zu einem Minister ohne Geschäftsbereich. Die beiden Volksgruppen organisierten sich illegal; den Türken kann aber zugute gehalten werden, dass ihre militärischen Strukturen weder dem Terrorismus noch der Aggression gegen die andere Volksgruppe dienen sollten, sondern reine Verteidigungsverbände waren.

Die Änderung der Verfassung und der zweite Bürgerkrieg

Makarios, der wohl doch als einer der Drahtzieher des Akritas-Plans gelten darf, auch wenn Pavlos Tzermias nach einer Analyse ausschließen will, dass der Plan aus Makarios' eigener Feder stammte, befolgte die aufgestellte Vorgehensweise auch punktgenau. Er hatte sich in den drei Jahren nach der Amtseinführung als Staatsmann international etabliert und bewegte sich auf diesem Parkett sicher. Dass ihm die Existenz des zweiten Staatsvolks nicht recht war[39] und er es an allen Fronten bekämpfte, wurde internatio-

---

[39] Mit den damit verbundenen Rechten als gleichberechtigter Partner.

nal kaum wahrgenommen. Makarios´ Anliegen waren immer dieselben: Als 1959 und '60 die Insel in die Unabhängigkeit entlassen worden war, sei den Zyprern – womit Makarios ausschließlich den griechischen Bevölkerungsteil meinte – eine Verfassung aufoktroyiert worden. Die sei nicht arbeitsfähig gewesen und der Minderheit habe man zu viele Recht zugestanden. Immer wieder wurden auch Klagen des Erzbischofs laut, es habe kein Referendum über die Konstitution gegeben. Er wollte damit suggerieren, dass die Verfassung dann nicht angenommen worden wäre. Der Akritas-Plan aber zeigt, dass selbst seine Verfasser wussten, dass im Zeichen des politischen Umbruchs Anfang 1960 die Verfassung durch das Volk abgesegnet worden wäre.

Im Herbst 1963 war der Weg dann für die große Verfassungsänderung geebnet; internationale Widerstände waren, außer von der Türkei, nicht zu erwarten. Am 30. November 1963 wagte der Erzbischof den Vorstoß: Er verkündete einseitig die Änderung von 13 Punkten der Konstitution. Die Akzeptanz dieser Verfassungsänderungen hätte für die Zyperntürken weiterreichende und schwerwiegende Folgen gehabt. Sie wären politisch bedeutungslos geworden und im Parlament zu Statisten degradiert worden.[40]
Die folgende Übersicht der 13 durch den Erzbischof geänderten Punkte wurde aus Uwe Berner, „Das vergessene Volk" (S. 119 ff)

---

[40] Auch wenn die Türken Zyperns die Verfassungsänderungen ablehnten, wurden sie mehr oder weniger vollumfänglich praktiziert - mit noch weitreichenderen Folgen für die Türken.

sowie Dr. Stavros Panteli, „The Making Of Modern Cyprus" (S. 196 f)
übernommen und adaptiert.

> 1. *Der Präsident und sein Vize verlieren ihr Veto-Recht.*

Für Makarios hätte dies kaum Auswirkungen gehabt, denn er verfügte immer über den Rückhalt innerhalb der zyperngriechischen Par-
lamentsmehrheit. Für Fazil Küçük allerdings bedeutete dies, die Einflussnahme auf wirklich essentielle politische Entscheidungen zu
verlieren. Uwe Berner folgert richtig, Küçük würde so zum politischen „Statisten".

> 2. *Der Vizepräsident übernimmt die Aufgaben des Präsiden-
> ten bei dessen Abwesenheit.*

Dieser Punkt war reine Kosmetik und hätte auf die tagespolitische
Arbeit so gut wie keine Auswirkungen gehabt, denn ob die präsidialen Aufgaben in dessen Abwesenheit durch seinen Stellvertreter
oder durch den Parlamentspräsidenten wahrgenommen würden,
war selten von Bedeutung. Sicherlich mag es stimmen, dass man in
diesem Bereich sogar eine Aufwertung des Amtes des Vizepräsidenten sehen konnte. Allerdings waren die türkischen Einflussmöglich-
keiten nach der Verfassungsänderung insgesamt so eingeschränkt,
dass dies keine Rolle mehr spielte.

> 3. *Der Parlamentspräsident und sein türkischer Vize werden
> durch beide Volksgruppen zusammen gewählt.*

Hierbei wird deutlich, dass es sich um eine Verbesserung der inselgriechischen Einflüsse handelt. So hätte die zyperngriechische
Volksgruppe auf Grund ihrer Mehrheitsverhältnisse einen Zyperntürken zum Vize wählen können, der aus dem eigenen, türkischen Lager nicht eine Stimme erhalten hätte.

4. Der Präsident des Parlaments wird in seiner Abwesenheit durch den Vizepräsidenten vertreten.

Genau wie bei Punkt 2 ergibt sich hier weder eine Verbesserung der politischen Arbeitsweise noch eine große verfahrenstechnische Erleichterung; der Punkt ist wiederum Kosmetik.

5. Das getrennte Abstimmungsverfahren bei bestimmten Gesetzen und politischen Feldern (Haushalt) wird aufgehoben.

Diese Änderung ist die wohl bedeutendste. Die Zyperntürken im Parlament verloren so ihren rechtlichen Schutz und ihre Basis als gleichberechtigte Partner. Selbst für den Fall, dass sich die inseltürkischen Parlamentarier geschlossen gegen ein Gesetzesvorhaben stellen sollten, könnte es durch die Zyperngriechen mit einer 70-Prozent-Mehrheit umgesetzt werden. Vor allem bei Verfassungsänderungen wäre dies mit folgenschweren Konsequenzen behaftet gewesen. Inseltürkischer Protest konnte hier nicht ausbleiben. Damit wurden die zyperntürkischen Abgeordneten zu Beobachtern des politischen Geschehens mit Rederecht: ein eklatanter Verstoß gegen die Partnerschaftlichkeit der Garantieverträge, der Verfassung und des Kompromisses von London und Zürich.[41]

6. Die getrennten Stadtverwaltungen werden abgeschafft.

Ähnlich wie im Parlament würden auch in den größeren Städten die zyperntürkischen Stadträte bedeutungslos. Die Entscheidungen, was in ihren bis dahin selbstverwalteten Stadtvierteln geschehen

---

[41] Dort war festgehalten worden, dass bei Abstimmungen im Parlament, z.B. über den Haushalt, in beiden Volksgruppenteilen Mehrheiten zu finden waren. Die Abstimmungen fanden getrennt statt.

solle, läge zukünftig bei den griechischen Kommunalpolitikern. Infrastrukturelle Benachteiligungen wurden sogleich vermutet.

7. *Es werden einheitliche Justizverwaltungen eingeführt.*

Damit wären auch speziell türkisch-türkische Fälle vor griechischen Richtern verhandelt worden. Verwaltung und Justiz könnten so in griechisch dominierte Bereiche des öffentlichen Lebens und Handelns verwandelt werden, Proteste der türkischen Minderheit würden verpuffen. Die Zyperntürken wären weitgehend auf den guten Willen der Inselgriechen angewiesen gewesen; eine Tatsache, die dem Partnerschaftsprinzip diametral entgegenstand.

8. *Die Aufteilung von Polizei und Gendarmerie soll aufgehoben werden.*

Dieser Punkt kann als tatsächliche Vereinfachung der Verwaltungsarbeit angesehen werden.

9. *Personalstärke von Armee und Sicherheitskräften wird durch Gesetz geregelt.*

Bis zu diesem Zeitpunkt wurde den Zyperntürken ein Anteil von 40 Prozent in der Armee zugesichert. Aber: es gab keine Armee. Sollte fortan nicht mehr die Verfassung darüber wachen, wie die Armee aufgebaut würde, könnte – vor allem in Verbindung mit Punkt 5 – die griechische Volksgruppe beschließen, die Illegalenverbände des Innenministers oder des Leibarztes Makarios' zu legalisieren. Damit wären diese Einheiten zur Armee oder zu Armeeteilen ganz Zyperns erhoben worden. Heute ist dies faktisch der Fall. Aus den einstigen Illegaleneinheiten ging die Nationalgarde hervor. Sämtliche zyperntürkischen Verteidigungsverbände wären dann als gesetzwidrig eingestuft und als separatistisch gegeißelt worden.

10. Der Anteil der Zyperntürken in Polizei, Armee und öffent-
lichem Dienst wird ihrem Bevölkerungsanteil angeglichen.

Dies hätte zum einen sprunghaft die Arbeitslosigkeit innerhalb der inseltürkischen Volksgruppe erhöht, zum anderen wären diese freien Posten dann mit ENOSIS-Treuen aus der griechischen Volksgruppe besetzt worden. Dieses Vorhaben widersprach dem Partnerschaftsprinzip, das zum Ausgleich den Türken bewusst zehn Prozent mehr Stellen einräumte als es ihrem Anteil an der Gesamtbevölkerung entspricht. Berner spricht in diesem Zusammenhang von einer „Hellenisierung der Insel".

11. Die Kommission zur Vergabe öffentlicher Ämter wird um
fünf auf fünf Mitglieder reduziert.

Diese Verkleinerung der Verwaltung erscheint auf den ersten Blick als eine Verschlankung der Verwaltung. In Wahrheit aber ist es erneut eine Eindämmung türkischen Einflusses. Während vor den Änderungen drei von zehn Mitgliedern aus den Reihen der Zyperntürken stammten, sollte es danach noch einer von fünf sein. Der Anteil der Zyperngriechen würde sich so von 66 Prozent vorher auf 80 Prozent nachher erhöhen.

12. Alle Entscheidungen dieser Kommission werden mit ein-
facher Mehrheit getroffen.

Diese Regelung macht den Zyperntürken in der Kommission gänzlich handlungsunfähig. Sein Einsatz für die Belange seiner Volksgruppe würde immer an der klaren Mehrheit der Inselgriechen scheitern. Ein klarer Verstoß gegen die Partnerschaftlichkeit. Lautstarke Proteste der Inseltürken würden aber als propagandistisches „Geschrei" der Minderheit abgetan.

13. Die Volksgruppenkammer der Inselgriechen wird aufge-

löst. Es steht den Türken frei, dies auch zu tun.

Die Abschaffung des Zweikammernsystems[42] markierte auch das Ende des dualistischen Partnerschaftssystems. Die zyperntürkische Kammer wäre, würde sie nicht auch aufgelöst werden, zu einem typischen Element einer Minderheit. Die Aufkündigung der Partnerschaftsrepublik markierte gleichzeitig das Ende der Republik Zypern im Rahmen der Verträge von London und Zürich. Dies wird von zyperngriechischer Seite meist vehement bestritten, obgleich Pavlos Tzermias zugibt:

> „... teils zur Befriedigung der machtpolitischen Ambitionen sowohl seiner eigenen Person als auch seiner Volksgemeinschaft setzte sich der Erzbischof zum Ziel, den Staatsapparat zu hellenisieren."[43]

Er erwähnt noch im selben Absatz Makarios´ Aussage vom 13. Dezember 1959, in der der Erzbischof erklärte, dass nach der Unabhängigkeit die Insel Zypern nach nunmehr acht Jahrhunderten der Fremdherrschaft wieder in griechischer Hand wäre. Allgemein macht diese Aussage deutlich, welche Einstellungen der Erzbischof gegenüber der zyperntürkischen Gesellschaft hatte. In einer Broschüre der *Bayerischen Landeszentrale für Politische Bildung* schreibt James H. Wolfe in Bezug auf die Verfassungsänderungen: „In der Pra-

---

[42] Die Volksgruppenkammern waren die zweite Parlamentskammer und regelten Angelegenheiten der Volksgruppen.

[43] Pavlos Tzermias, Geschichte der Republik Zypern, S. 293.

xis wäre damit der auf binationale Konkordanz gegründete politische Entscheidungsprozess abgeschafft worden."[44]

Der folgende Bürgerkrieg

Zweifelsohne steht fest, dass die 13 zu ändernden Punkte so von der zyperntürkischen Bevölkerung niemals hingenommen werden konnten. Aber dass aus dem Versuch den türkischen Faktor politisch auszuschalten ein Bürgerkrieg von solchem Ausmaß werden würde, hatten selbst viele ENOSIS-Aktivisten nicht erwartet. Sie rechneten wohl mit weniger türkischem Widerstand. Anfangs aber verhielt sich die türkische Volksgruppe weitgehend passiv. Nur wenige Tage nach dem Vorschlag, die Verfassung zu ändern, explodierte vor dem Denkmal eines ehemaligen zyperngriechischen EOKA-Kämpfers eine Bombe, die, so vermuten viele (darunter auch die deutschen Autoren Kadritzke/Wagner und Berner), von griechischen Provokateuren bewusst gezündet worden sein könnte.

Innenminister Georgadsis begann die illegalen Miliztruppen zu Hilfspolizisten umzubenennen, schließlich musste der provozierte türkische Aufstand – den es zu dieser Zeit überhaupt nicht gab – mit aller Härte niedergeschlagen werden. Die politische Situation blieb angespannt. Trotz schärfster Proteste aus London und Ankara bestand der Erzbischof auf seinem Vorhaben.

---

[44] James H. Wolfe in Bayerische Landeszentrale für Politische Bildung, Zypern, Land oder Macht teilen?, S. 71.

Georgadsis ließ in den größeren Städten, vor allem in der Hauptstadt Nikosia, präventiv Straßensperren und Polizeikontrollen errichten. Dies provozierte die friedliche zyperntürkische Volksgruppe zusätzlich. Das ebenfalls vom Innenministerium kontrollierte staatliche Fernsehen begann gleichzeitig mit offener Hetze gegen die Türken Zyperns. Dies untermauert einmal mehr die Behauptung, die Verfassungsänderungen wären Teil des größeren Akritas-Plans; und somit kann auch der Erzbischof als Zentrum des Plans angesehen werden. Slogans wie „Kauft nicht beim Türken!" bildeten den traurigen Höhepunkt der Ereignisse, die als klaffende Wunde bis heute nicht vernarben konnte.[45] Die Restgruppen der türkischen Verteidigungsorganisation TMT, die im ersten Bürgerkrieg als eine Art Bürgerwehr der EOKA entgegen standen, formierten sich neu, um nun etwaigen militanten Angriffen Widerstand leisten zu können.

Die mit Gewalt durchgeführte Leibesvisitation einer Zyperntürkin, die Harry Scott Gibbons in seinem Buch „The Genocide Files" ausführlich beschreibt, markierte den Beginn der neuen bürgerkriegsähnlichen Auseinandersetzungen. Bei jener Polizeiaktion in der Nacht zum 21. Dezember 1963 kamen nach damaligen Angaben zwei Zyperntürken ums Leben und sechs weitere wurden verletzt.

---

[45] Ein Beispiel: Im März 2001 wurde ein mutmaßlicher Drogendealer aus dem gemischten Dorf Pile von griechischen Behörden des Drogenbesitzes schuldig befunden und verurteilt. Der Betroffene wehrte sich vehement, zumal die Behörden Südzyperns keine juristische Machtbefugnis über den einzigen gemischten Ort Zyperns (Pile, griech. Pyla) haben, sondern diese Aufgaben alleine durch die UNO-Polizei wahrgenommen werden. Verurteilt bekundete der frustrierte Angeklagte gegenüber Journalisten, er wäre Türke und die Richter wären Griechen, das wäre die Grundlage des Prozesses. Die Griechen hätten schon deshalb recht (Vgl. auch Cyprus Today vom 17.03.2001).

Sie wurden von als aggressiv beschriebenen zyperngriechischen Polizeibeamten[46] er- bzw. angeschossen. Harry Scott Gibbons beschreibt den Verlauf dieser Polizeikontrolle in seinem Werk, das 1997 zum ersten Mal gedruckt, 1999 für Wirbel auf der Insel sorgte. Gibbons berichtet als außenstehender Beobachter - er war zu jener Zeit Korrespondent des *London Daily Express* im Nahen Osten – über die Entwaffnung zyperntürkischer Polizisten, illegale Razzien und Massaker an der zyperntürkischen Zivilbevölkerung. All diese Übergriffe sind mehrfach dokumentiert und nachweisbar. Sie entspringen nicht zyperntürkischer Propaganda.

Auf die Spitze treibt es die Botschaft des griechischen Teils Zyperns in Bonn in einem Informationsblatt bezüglich des Ausbruchs der Gewalt zwischen Griechen und Türken 1963:

„21.12.1963: Aufstand türkisch-zypriotischer Extremisten."

Es ist nachvollziehbar, dass die Zyperntürken noch heute Skepsis hegen, wenn solche Äußerungen getätigt werden. Der tatsächliche Ablauf der Polizeikontrolle sei ausführlich nach Gibbons zitiert, um deutlich zu machen, wie zynisch die Aussagen der Botschaft im Grunde sind:

„... The cars contained six men and four women, Turks returning from a happy dinner out in Kyrenia. ... As the cars passed through the Tahtelkale quarter, a Turkish enclave in the Greek part of the walled city [von Nikosia; U.P.], the headlights of the leading car splashed against a group of young men positioned across the street. ... The men, dressed in ci-

---

[46] Es dürfte sich aber um Hilfspolizisten aus den Illegalenverbänden gehandelt haben.

vilian clothes, ... moved to the windows of the cars. ... The men in the second car opened the doors and walked forward. ‚What do you want?‘ one asked. ‚Let us see your identity cards.‘ One of the Turks spoke up. ‚Show us YOUR identity cards, your police cards.[47] Pistols appeared in the hands of the Greeks. ... ‚Line up and be searched!‘ From a possible argument and quarrel, the situation had suddenly become deadly. The Turkish men ... were unarmed. They [die Griechen; U.P] lowered their arms. ‚Now the women,‘ and several Greeks stepped forward. No Cypriot, Greek or Turk, will allow you to touch his women. ... And this was a body search. The Turks objected loudly. ‚If you are police, take us to a police station and let the women be searched by a policewoman.‘ ... The Turks, at gunpoint, were pushed and slapped. The uproar woke up the street and about two dozen Turks poured out of their houses ... Their voices added to din as lights went on all along the street. ‚He is no policeman,‘ shouted a woman. ‚He's Yanni of the Olympiakos Club...‘ ‚Under what law do you carry guns?‘ one of the newcomers asked. There was, in fact, no law authorising the police to be armed. ... These bulk checks, as I found out later, had begun ... several days before. ... Yet here was a group of illegal armed Greek civilians, in the middle of the night, in a Turkish area, ... searching people at gunpoint. ... Suddenly, up the street roared several cars ...

---

47 Hierin müsste dann der Aufstand der türkischen Extremisten bestanden haben, die sich laut verschiedenen Quellen als einfache Zyperntürken entpuppten, die in Girne feierten und weiter nichts.

and out leapt several uniformed Greek policemen carrying Sterling submachine guns. Without warning, they opened fire."[48]

Was sich dann zutrug, lässt sich wie folgt zusammenfassen: Die uniformierten Zyperngriechen richteten zwei der türkischen Zyprer hin, verschwanden dann, wie auch die Illegalen. Die wilde und vollkommen ungerechtfertigte Schießerei, die in der Liquidation der beiden Zyperntürken gipfelte, löste Krawalle in ganz Nikosia aus. Nicht aber „türkisch-zypriotische Extremisten" probten den „Aufstand". Schwer bewaffnete zyperngriechische Zivilisten überfielen Zyperntürken, feuerten aus offenen Fahrzeugen und verübten Anschläge. Kirche und Politik auf zyperngriechischer Seite hatten seit 1960 gelehrt, dass Zyperntürken an der Behinderung nationalistischer Ziele Schuld trügen, dass ihre Existenz auf der Insel unbedeutend war und gaben somit die emotionalen Hintergründe für hasserfüllte Angriffe auf die vermeintlich weniger bedeutende Volksgruppe, die vollkommen zu Unrecht überprivilegiert sei. Von einem „Seite an Seite", von dem Präsident Klerides 1994 sprach, konnte zumindest in dieser Zeit nicht (mehr) die Rede sein. Die ethnischen Säuberungen des Jahres 1964 markierten die düsterste Zeit der zyperngriechischen Geschichte. Verantwortliche Köpfe dafür waren Makarios und Innenminister Georgadsis, sowie alle Handlanger, Helfershelfer und der restliche Klerus, der religiösen Beistand im Rassenhass lieferte. Anders als in Serbien 1999 distanzierte sich die Kirche Zy-

---

[48] Harry Scott Gibbons, The Genocide Files, S. 6ff.

perns 1963 nicht vom Terror, saß ihr oberster Kleriker doch in der Schaltzentrale desselben.

Hätte es 1963/64 ein ähnliches Bewusstsein der Nato zur Durchsetzung der Menschenrechte gegeben und wären weder Griechenland noch die Türkei Mitglied der Nato gewesen, ein Militäreinsatz wie 1999 im Kosovo wäre denkbar gewesen. Der damalige deutsche Botschafter, Joseph Koenig, schrieb in seinem jährlichen Bericht an das Auswärtige Amt in Bonn: „Die türkische Bevölkerung Zyperns erträgt geduldig und diszipliniert unsagbare Leiden."[49] Nur gelang es den Behörden, die Sachlage anders zu vermitteln und können so den Versuch ethnischer Säuberungen vor dreißig Jahren heute als „Aufstände" zyperntürkischer „Extremisten" darstellen, ohne international zurechtgewiesen zu werden.

Bereits Stunden nach dem Mord an den zwei Zyperntürken in Nikosia kam es dort zu weiteren Anschlägen. Eine Statue des Staatsgründers der Türkei Mustafa Kemal Atatürk sowie das Büro des türkischen Kammerpräsidenten Rauf Denktaş wurden dabei zerstört. Zudem soll Innenminister Georgadsis die Ermordung Denktaş' angeordnet haben.[50] Die Behörden Griechischzyperns aber beteuerten, nichts mit den Anschlägen zutun zu haben und beschuldigten Provokateure für die Eskalation. Zur Deeskalation trugen sie jedoch nicht im geringsten bei. In den frühen Morgenstunden des 22.

---

[49] Bericht des Deutschen Botschafters an das Auswärtige Amt in Bonn, S. 12, Februar 1965.

[50] Siehe Uli Piller, „Rauf Denktas, sein Leben für Nordzypern", S. 40.

Dezember 1963 wurden einige Zyperntürken daran gehindert, vor dem Atatürk-Denkmal Blumen niederzulegen. Zwei Schüler wurden verletzt, als ein türkischer Schulbus beschossen wurde.[51] Tzermias gibt auch den Türken eine Schuld an den Auswüchsen der Gewalt. Er schreibt, der Führer der TMT, Bozkurt, habe seine Volksgruppe eingeschworen, sich nicht kontrollieren zu lassen.[52] Bis zum Jahreswechsel 1963/64 kam es noch zu etlichen Auseinandersetzungen zwischen den beiden Volksgruppen. Besonders hervorgehoben werden muss dabei der Angriff auf den zyperntürkischen Stadtteil von Nikosia, Küçük Kaymaklı (griech. Omorfita). Hierbei verloren am 25. Dezember 1963 einige Dutzend Zyperntürken ihr Leben, nachdem es der TMT nicht gelungen war, die rund 5.000 Bewohner des Stadtteils zu evakuieren. Die Angriffe wurden intensiviert und ausgedehnt, die Türken Zyperns waren als schutzlose Minderheit gezwungen aus den angestammten Dörfern zu fliehen. Sie waren vom politischen Entscheidungsprozess ausgeschlossen, nachdem die Parlamentarier der Zyperntürken nach den Vorschlägen zur Verfassungsänderung unter Protest das Parlament verlassen hatten. Der Präsident des Verfassungsgerichts, Prof. Dr. Heinz Forsthoff, war zurückgetreten. Die überwiegende Mehrheit der Zyperntürken war massiven Bedrohungen ausgesetzt. Harry Scot Gibbons schreibt in seiner Arbeit dazu im Hinblick auf den Akritas-Plan:

> „It was unfortunate for the Turks of Cyprus that Makarios' method of getting rid of the negative elements of the Agree-

---

[51] Vgl. Uwe Berner, Das vergessene Volk, S. 133.

[52] Vgl. Pavlos Tzermias, Geschichte der Republik Zypern, S. 299.

ments was to attempt to get rid of the Turks themselves. By genocide."[53]

Die Propaganda des heutigen Südzypern, es handele sich um eine zyperntürkische Kampagne, die das Ziel hatte, das eigene Volk in Richtung Norden zu bewegen, um so die Teilung Zyperns zu verwirklichen, läuft ins Leere, wenn man sich einerseits die dokumentierten Übergriffe ansieht und andererseits die späteren Fluchtziele untersucht. Vielmehr liegt der Verdacht nahe, dass die inselgriechische den Akritas-Plan Schritt für Schritt umsetzte und dabei nach der Verfassungsänderung nun die physische Existenz der Inseltürken im Fokus stand.

International wurde den Zyperntürken aber wenig Gehör geschenkt, sie blieben auf Hilfe aus Ankara angewiesen, der Weltsicherheitsrat erkannte die Restregierung Makarios' als Regierung von Gesamtzypern an, der Bruch in der Ordnung des Staates, dessen Integrität zerstört worden war, wurde weitgehend ignoriert. Der Bericht des deutschen Botschafters etwa (s.o.) blieb ohne Folgen für die deutsche Politik in Bezug auf Zypern.

Bis August 1964 hatten rund 19.000 Türken ihre angestammten Dörfer und Stadtteile verlassen und waren in rein türkische Gebiete geflohen. Die Hauptsiedlungsgebiete lagen dabei zwischen Nikosia und Kyrenia (heute Girne) im Norden Zyperns, dennoch kann nicht von einem inseltürkischen Exodus nach Nordzypern die

---

53 Harry Scot Gibbons, The Genocide Files, S. 39.

Rede sein. Wichtige und große Siedlungsgebiete fand man nämlich auch im Troodosgebirge, bei Polis im Westen der Insel und rund um Larnaka im Süden. Die Hauptauseinandersetzungen fanden in der Nordenklave zwischen Nikosia und Kyrenia statt, obwohl die Region insgesamt weiterhin griechisch dominiert blieb. Vor allem im Nordwesten bei Erenköy (griech. Kokkina) kam es zu erbitterten Kämpfen um den einzigen türkischen Meereszugang. Die dramatische Lage auf der Insel bewog Ankara, eine militärische Intervention in Betracht zu ziehen. Man war aber bemüht, auch die Garantiemacht Großbritannien zum Einschreiten bewegen zu können. Der Erzbischof erklärte die Garantieverträge am 1. Januar 1964 einseitig für ungültig, um einer möglichen türkischen Intervention den Anstrich eines illegalen und aggressiven Einmarsches zu verleihen. Nur wenn London an der Seite Ankaras mit interveniert hätte, wäre ein griechisch-türkischer Krieg zu vermeiden gewesen. Auf Druck der USA beließ es die Türkei schlussendlich bei einigen Bombardements griechischer Stellungen nahe Erenköy und riskanten Tiefflugmanövern über Nikosia.

Im Februar 1964 sprach der Präsident der türkischen Volksgruppenkammer, Rauf Denktaş vor den Vereinten Nationen. Er forderte dabei Unterstützung für seine Volksgruppe von der internationalen Staatengemeinschaft. Bei seiner Rückkehr nach Zypern wurde ihm in Ankara eröffnet, dass eine Rückreise nach Zypern unmöglich erschien, da Makarios einen Haftbefehl gegen Denktaş erwirkt habe. Der zyperntürkische Politiker blieb im festlandstürkischen Exil um den türkischzyprischen Standpunkt von dort aus publik zu machen. Ziel der inselgriechischen Führung war es, den neben Fazil Küçük wichtigsten Vertreter der Türken Zyperns zu eliminieren.[54]

Mit Resolution 186/1964 beschloss der UNO-Sicherheitsrat dann am 4. März 1964 doch die Entsendung einer Friedenstruppe (United Nations Peacekeeping Forces in Cyprus, *Unficyp*) nach Zypern. Dies geschah auf Anregung Londons, da Großbritannien um die Sicherheit der eigenen Militärbasen bangte. Schon vor der Entsendung der Streitkräfte hatten die Briten vergeblich versucht, von den Militärstützpunkten aus für Ruhe auf der Insel zu sorgen. Der US-Sonderbeauftragte für Zypern, George Ball, erinnerte sich in seinen Memoiren in Bezug auf die Reaktionen der Inselgriechen bzgl. einer Friedenstruppe später:

> „‚Die Zyperngriechen‘, schrieb ich damals, ‚wollen keine Friedenstruppe; sie wollen alleine gelassen werden, um die Zyperntürken zu töten.‘ ‚Makarios zentrales Interesse war es, eine türkische Intervention abzublocken, sodass er und seine Zyperngriechen weiter fröhlich Zyperntürken massakrieren konnten.‘"[55]

Überhaupt war der Erzbischof die zentrale Figur der innerzypriotischen Bürgerkriegshandlungen, denn er war es, der die Verfassung ändern und Zypern hellenisieren wollte; er war es, der dem Morden keinen Einhalt gebieten konnte oder wollte; und er war es,

---

54 Uli Piller, Rauf Denktas - Sein Leben für Nordzypern, S. 45-46.

55 George W. Ball, The Past Has Another Pattern – Memoirs, S. 347, 345.

der den Akritas-Plan umzusetzen schien. Selbst Pavlos Tzermias gesteht ein: „Dass Makarios an der Weihnachtskrise von 1963 schuld war, steht fest."[56]

Wie bereits angesprochen, war es die Hauptaufgabe der Unficyp, die beiden Volksgruppen in Nikosia voneinander zu trennen. Dazu wurde die Stadt bereits damals in einen griechischen Südteil und das kleinere türkische Viertel Küçük Kaymaklı (griech. Omorfita) im Norden geteilt. Die *Green Line* trennt seit dieser Zeit die Stadtviertel voneinander. Heute schließt daran die sogenannte *Attila-Linie* an. Sie ist die Grenzlinie – oder auch Waffenstillstandslinie – aus dem Jahr 1974.

Bereits in der UN-Resolution 186/1964 erkennen die Vereinten Nationen die griechischen Machthaber aber als „Regierung von Zypern" an, obwohl diese im verfassungsrechtlichen Rahmen gar nicht mehr existierte. Makarios' Politik erfuhr so eine ungerechtfertigte internationale Unterstützung. Er konnte sich in seiner Ausgrenzungspolitik gegenüber den Zyperntürken bestätigt fühlen. Diesen Fehler haben die Vereinten Nationen bis heute nicht mehr korrigiert. Die Zyperntürken lebten als Folge der Auseinandersetzungen vom Winter 1963/64 in Enklaven und Ghettos und wurden daran gehindert, am politischen Leben der Restrepublik teilzunehmen.[57] Rund 1.200 Menschen hatten auf Grund der kriegerischen Auseinander-

---

[56] Pavlos Tzermias, Geschichte der Republik Zypern, S. 317.

[57] Es sei denn sie hätten sich die „Spielregeln" der Inselgriechen diktieren lassen.

setzungen ihr Leben lassen müssen.[58] Tiefe Risse erlitt das Verhältnis zwischen Griechen und Türken auf Zypern durch die zahlreichen Entführungsfälle. Die wohl weitreichendste Folge des Kriegs im Frühjahr und Sommer 1964 war die Spaltung der Insel – und dies nicht nur in den Köpfen der Menschen.

Die Situation bis 1974

Nachdem rund 20.000 Zyperntürken ihre Heimatdörfer verlassen mussten um anderswo Sicherheit zu finden, bedurfte es einer Neuorganisation. Viele Menschen flohen in das Gebiet zwischen Nikosia und Kyrenia (heute Girne), weil dort das türkische Militärkontingent stationiert war, welches in der Verfassung vorgesehen war. Fazil Küçük übernahm zusammen mit Rauf Denktaş die politische Organisation des Lebens in den Enklaven.[59] Die Lager und Enklaven waren anfangs oft von Illegalenverbänden umstellt, sodass von Bewegungsfreiheit zwischen den eingeschlossenen Gebieten keine Rede sein kann. Der Erzbischof erließ ein Embargo gegen die Enklaven und städtischen Ghettos. Laut Makarios' Erlass sollten ausnahmslos alle militärischen Güter aus den Enklaven fern gehalten werden. Was allerdings als militärisches Gut angesehen wurde, erfuhr eine weite Auslegung. Tatsächlich erreichten die Zyperntürken weder Decken noch Medikamente, ebenso wenig Baumaterialien wie Zement, aber auch gewisse Nahrungsmittel wurden von den

---

[58] Etwa 1.000 Zyperntürken und 200 –griechen wurden Opfer des Bürgerkriegs. Die Angaben schwanken jedoch stark.

[59] Denktas blieb weiterhin im türkischen Exil.

Enklaven ferngehalten. So kam es, dass das türkische Militärkontingent und der türkische *Rote Halbmond* die Versorgung der Inseltürken übernehmen mussten, flankiert von der UNO-Sicherheitstruppe, die deren Arbeit sicherstellte.

Zur selben Zeit verstärkte sich die zyperngriechische Seite militärisch erheblich. General Grivas, seine Chance ahnend, kehrte aus Griechenland auf die Insel zurück und mit ihm kamen etwa 3.000 Tonnen Waffen und Munition, sowie rund 5.000 Mann nach Zypern.[60] Damit bestand die neue *Nationalgarde* der Republik Zypern nun aus etwa 45.000 Festlandsgriechen und rund 24.000 zyperngriechischen Soldaten. Dies war natürlich ein Verstoß gegen Verfassung und Garantievertrag. Die Verfassung sah eine einheitliche Armee auf der Insel mit lediglich 2.000 Mann vor, während die Garantieverträge zudem 950 Mann vom griechischen Festland akzeptierten. Außerdem erscheint die Wortwahl *Nationalgarde* geradezu absurd, sollte doch mit diesem Ausdruck nicht die zyprische „Nation" sondern der Hellenismus bestärkt werden. Diese massiven Aufrüstungsbestrebungen der Zyperngriechen hatten zur Folge, dass sich die türkische Bevölkerung noch mehr an die Schutzmacht Türkei klammern musste, um die eigene Sicherheit garantiert zu wissen. Die Situation blieb auch lange Zeit nach dem Krieg sehr angespannt. Während der kommenden Jahre gingen die gesellschaftlichen Kontakte zwischen Griechen und Türken stark zurück. Das friedliche Zusammenleben, das der griechischzyprische Präsident Klerides später immer wieder als möglich propagierte, war unmög

---

[60] vgl. Uwe Berner, Das vergessene Volk, S. 163.

lich geworden.[61] Die Versorgung in den Enklaven blieb lange Zeit sehr schlecht, auch wenn Makarios später begann, das Embargo etwas zu lockern. International gab es keine Plattform, die es den Zyperntürken ermöglicht hätte, gegen die schlechten Bedingungen auf der Insel zu protestieren. Eine starke zyperntürkische Lobby z.B. in den USA war nicht vorhanden.

Von der Kophinou-Krise 1967 bis zur Eskalation 1974

Das Jahr 1967 brachte zwei größere Einschnitte für die Region. Zum einen wurde am 21. April in Athen ein Putsch verübt. Die Militärjunta kam an die Macht und veränderte schlagartig auch das Verhältnis zu Zypern. Der zweite, für Zypern ebenso bedeutsame Einschnitt war die so genannte Kophinou-Krise. Um diese Krise ausführlich schildern zu können, bedarf es einer genauen Darstellung der geographischen und demoskopischen Gegebenheiten im Süden Zyperns. Der Ort Kophinou (türk. Geçitkale) befindet sich zusammen mit dem Dorf Ayios Theodoros (türk. Boğazici) in einem von den Zyperntürken kontrollierten Gebiet nahe der Küstenstadt Larnaka. In den beiden Ortschaften zusammen lebten 1.395 Türken; sie stellten zusammen mit den 142 Inseltürken aus dem Dorf Menoyia und den 55 türkischen Bewohnern Aplandas die Mehrheit in diesem Gebiet. In Kophinou selbst wohnten nur 18 Zyperngriechen. Die Orte Kophinou und Ayios Theodoros befinden sich jedoch an der Durchgangs-

---

61 Erst mit der Öffnung der innerzyprischen Grenze im Frühjahr 2003 gab es eine gewisse Annäherung, die sich aber weitgehend auf einzelne Gruppierungen (z.B. Intellektuelle oder Gewerkschaften) beschränkt. Das Erstarken nationalistischer Gruppierungen auf allen Seiten macht die Zusammenarbeit schwierig.

straße Nikosia-Limassol. Für das zyperngriechische Regime war die Kontrolle dieser Straße eine wichtige Machtdemonstration. Dies veranlasste die Vereinten Nationen – auch zum Schutz der Zivilbevölkerung – in der näheren Umgebung einige Stützpunkte und Beobachtungsposten einzurichten. 1967 kam es immer wieder zu einzelnen Schwierigkeiten in den umliegenden Dörfern, die vor allem im Zusammenhang mit den regelmäßigen Polizeistreifen der Zyperngriechen stehen. Zyperntürkische Dorfvorstände verweigerten den Polizeitruppen den freien Durchgang durch die Orte. Diese Zusammenstöße in Kophinou und Ayios Theodoros müssen im direkten Zusammenhang mit den anderen – teilweise bewaffneten – 600 Zusammenstößen gesehen werden; die Region bildete also keine Ausnahme. Der Auslöser für die Kophinou-Krise war der Erlass eines zyperntürkischen Kommandeurs. Er untersagte den Polizeitruppen der Griechen fortan gänzlich, den Ort zu durchqueren. Diese Entscheidung kann sicherlich als Willkürakt betrachtet werden und wurde von den Zyperntürken im Nachhinein auch bedauert.[62] Der türkischzypriotische Kommandeur wurde wegen seines Fehlverhaltens später auch in die Türkei verbannt. Mit der Verweigerung, die Ortschaft durchqueren zu dürfen, bot die türkische Seite den Zyperngriechen eine Möglichkeit, den Machtanspruch in der Region zu demonstrieren. „Die Zyperntürken erkennen heute fraglos an, dass sie den Anlass für den Konflikt 1967 boten – aber zum Bürgerkrieg wurde er erst durch die brutale griechische Reaktion."[63] So kommentier-

---

[62] Im Vergleich zu unzähligen Akten der Willkür auf der anderen Seite, stellte dieses eigenmächtige Handeln eines türkischen Beamten aber die Ausnahme dar.

[63] Uwe Berner, Das vergessene Volk, S. 200.

te Uwe Berner die Situation. Verhandlungen bald im Anschluss an den Alleingang des zyperntürkischen Kommandeurs ergaben, dass die Streifengänge der Griechen wieder ungehindert aufgenommen werden sollten. Am darauffolgenden Tag (15. November 1967) gelangte eine Streife ohne Schwierigkeiten durch Kophinou. General Grivas meldete allerdings für 14 Uhr einen weiteren Streifgang durch das Dorf an. Diesen Polizeimarsch kommandierte er persönlich. Pavlos Tzermias dazu: „Am 15. November 1967 unternahm Grivas einen Angriff auf das türkischzypriotische Dorf Kophinou."[64] Diese zweite Streife bestand aus einem ganzen Aufgebot militärischer Machtdemonstration. Grivas leitete einen kompletten Infanteriezug durch Kophinou und provozierte die Einwohner damit extrem. Die türkische Miliz sah sich gezwungen, die Straße aus Sicherheitsgründen zu sperren. Der Zug wurde zum Halt gezwungen. Als auf Grund der Spannungen ein türkischer Milizionär einen Schuss abgab, eskalierte die Situation. Am Vortag waren bereits rund 3.000 Nationalgardisten rund um die Ortschaften postiert worden, sodass ein Angriff militärisch von der türkischen TMT nicht niederzuschlagen war. Sicherlich mag der Schuss der türkischen Sicherheitskraft der Auslöser gewesen sein, doch auch nach Tzermias spricht alles dafür, dass wohl die griechische Seite gezielt mittels einer solchen Provokation die Möglichkeit zum Angriff herausgefordert hatte.[65] Die Nationalgarde begann die beiden Dörfer später zusätzlich mit Granaten zu bewerfen, was zur Folge hatte, dass ein großer Teil der Wohnhäuser zerstört wurde. Die Zahl der Todesopfer schwankt zwi-

---

[64] Pavlos Tzermias, Geschichte der Republik Zypern, S. 387.

[65] ebd.

schen 24 und 28 Zyperntürken und zwei Inselgriechen. Selbst vor den Posten der UNO-Blauhelme machten Grivas' Truppen nicht Halt; sie beschossen Aussichtsposten und zerstörten Funkverbindungen. Noch am selben Tag reagierte die Türkei: Das Parlament tagte und beschloss, nötigenfalls militärisch zu intervenieren. Ankara stellte einen Forderungskatalog auf und appellierte an Athen und Nikosia, darauf einzugehen, um eine militärische Auseinandersetzung abzuwenden. Über Nacht waren die beiden Nachbarländer Griechenland und Türkei wieder an den Rand eines Krieges gekommen. In der türkischen Hafenstadt Iskenderun wurden Truppen zusammengezogen und die Flotte wurde in Bereitschaft versetzt. An manchen Orten der Westtürkei standen sich türkische und griechische Truppen an den jeweiligen Grenzen mehr oder weniger direkt gegenüber. In den Ägäisgebieten und Athen wurden die Truppen in erhöhte Alarmbereitschaft versetzt. Allerdings wurden so gut wie alle Punkte befolgt, die von Ankara eingefordert worden waren: General Grivas wurde entmachtet und musste Zypern in Richtung Griechenland verlassen; die griechische Nationalgarde wurde verkleinert, etliche Soldaten aus Griechenland verließen mit Grivas die Insel; es wurden Reparationszahlungen an die Bewohner der beiden Dörfer geleistet. Außerdem forderte Ankara eine spürbare Verbesserung der Lebensqualität für die Zyperntürken sowie internationale Unterstützung. Letztere aber blieb weitgehend aus.

Die Vereinten Nationen spielten in diesem Zusammenhang eher eine relativ traurige Rolle. Generalsekretär U Thant forderte die Türkei auf, auf eine militärische Aktion zu verzichten und kritisierte türkische Interventionsdrohungen. Die Stationierung von mindestens 20.000 (andere Quellen sprechen von 45.000, s.o.) bewaffneten Kämpfern aus Griechenland wurde billigend hingenommen. Ebenso missbilligte der UNO-Generalsekretär eine eigenständige zyperntürkische Verwaltungsstruktur in den Enklaven und Ghettos als separatistische Bestrebung. Tatsächlich aber war dieser Schritt zur (Re-)Organisation des alltäglichen Lebens notwendig, weil man isoliert worden war. Außerdem liegen Berichte vor, in denen U Thant die Kophinou-Krise als Folge der Behinderung *zyprischer* Polizeikräfte durch Zyperntürken beschreibt. Dies bedeutete, dass der UNO-Generalsekretär die Regierung Makarios als Alleinrepräsentant der gesamten Inselbevölkerung ansah, die Volksgruppe der Zyperngriechen mit „Zyprern" gleichsetzte und damit den Türken Zyperns die notwendige Unterstützung verweigerte. Aus jenen Tagen stammt der bis heute nicht gebrochene Zweifel an der Neutralität der Vereinten Nationen in Bezug auf Zypern bei den Inseltürken. U Thant machte sich in jenen Tagen zu einer Art Handlanger Makarios´ und damit wurde er von den Zyperntürken als ENOSIS-Unterstützer angesehen, mit dem eine vernünftige und vor allem vertrauensvolle Zusammenarbeit unmöglich war. Seine vordringliche Aufgabe wäre es gewesen, sich der unterdrückten und teilweise schutzbedürftigen zyperntürkischen Bevölkerung anzunehmen und die Handlungsweise der so genannten Nationalgarde zu verurteilen. So aber bot er, obwohl selbst UNO-Posten angegriffen wurden, den ENOSIS-Politikern einen Rechtfertigungsgrund. Suzan Tatlı hält fest: „In Bezug auf Zypern-Konflikte konnte aufgrund von pro-griechisch-zypriotischer

Stellungnahme des UNO-Generalsekretärs von einer Gerechtigkeit keine Rede sein."[66]

Spätestens als 1970 durch die Vereinten Nationen die so genannte *Friendly Relationship Declaration* erlassen wurde, in der Unterdrückung von Ethnien eindeutig verurteilt und den Unterdrückten Schutz und Hilfe zugesichert bzw. den Unterdrückern Konsequenzen angedroht wurden, hätte sich die Zypernpolitik der UNO ändern müssen. Aber sie blieb konsequent auf pro-griechischer Linie. Die Vereinten Nationen betrachten den Konflikt bis heute als eine Auseinandersetzung zwischen Athen und Ankara. Dennoch werden die Verhandlungen zwischen Nikosia und Lefkoşa geführt – freilich vornehmlich unter Berücksichtigung der Vorstellungen der anerkannten, inselgriechischen Republik Zypern. So erklären z.B. die meisten Berichte der Vereinten Nationen, dass ein Scheitern von Gesprächen nicht am mangelnden Willen der inselgriechischen Seite lag.[67]

Christian Heinze erklärt die Tatsache, dass Ankara nicht schon 1964 militärische intervenierte, mit folgenden Worten:

> „Die türkische Politik im Zypern-Konflikt demonstriert Langmut in einem Maße, das Bewunderung und Lob gefunden hat. Es täuschen sich aber diejenigen, die glauben, die Tür-

---

[66] Suzan Tatli, Der Zypern-Konflikt, S. 66.

[67] Zuletzt scheiterte ein Gipfel 2017 in der Schweiz und wiederum war im Abschlussbericht nicht zu erkennen, dass es der inselgriechische Präsident Anastasiades war, der - um seine Wiederwahl fürchtend - den Gipfel scheitern ließ, weil er Forderungen an die türkische Seite stellte. die von vornherein als unrealistisch angesehen werden mussten.

kei könne durch Zeitablauf zur Aufgabe ihrer Rechte veranlasst werden. Denn Beharrlichkeit ist die Kehrseite der Geduld.“[68]

Die Vereinten Nationen konnten bis heute kein Vertrauen in der TRNC zurückgewinnen. So wurden bei Demonstrationen 1994 Plakate mit der Aufschrift „United Nazi Organisation“ gesehen. Auch im Jahr 2000 kam es zu einer schweren Krise zwischen der UNO und den Behörden in der TRNC, als die Verlängerung des UNO-Mandates ohne vorherige Zusammenarbeit mit den zuständigen Gremien in der TRNC durchgeführt wurde – seit 1974 war das aber gängige Praxis. Auch wurde auf griechischen Druck hin ein Passus aus dem Bericht des UN-Generalsekretärs gestrichen, der die Zusammenarbeit mit dem Norden und dessen administrative Selbstständigkeit bestätigte. Eine Anerkennung der TRNC war dies ohnehin nicht. Die Regierung der TRNC protestierte scharf und entzog den Blauhelmen die Erlaubnis zur freien Benutzung türkischzyprischer Infrastruktur. Auch wurde ein Versicherungsschutz für Fahrzeuge der VN eingeführt.

Der Regimewechsel in Athen hat zu einer Veränderung der Beziehung Griechenlands zu Zypern beigetragen. Ob die seit dem 21. April regierende Junta oder Makarios' Einsicht, nur mit einer friedvoll gestimmten Volksgruppe der Zyperntürken Erfolg in der ENOSIS-Politik haben zu können, verantwortlich sind für den Wandel in der Innenpolitik, mag ungeklärt bleiben. Tatsache ist, dass der

---

[68] Christian Heinze, Stand des Zypernkonflikts, S. 185.

Erzbischof ab 1969 den Boykott gegen die türkischen Enklaven etwas lockerte. Möglicherweise war ein sich entwickelnder Disput zwischen ihm und der Athener Junta Grund für die Annäherung an das zweite Staatsvolk auf Zypern. Die Obristen in Athen verhalfen der *Megali Idea* zu einer Art zweiter Frühling. So paradox es klingen mag: Die Tatsache, dass es bis zum Ende der Obristenherrschaft 1974 zu keinem griechisch-türkischen Krieg kam, verdankt man wohl alleine der abschreckend deutlichen militärischen Überlegenheit der Türkei. Anlass für einen Krieg zwischen den Nachbarn hätte es nämlich mehrfach gegeben. Erst im Rahmen der Zypernkrise i Sommer 1974 kam es dann zum Befehl der Obristen, die Türkei anzugreifen. Dies aber war gleichzeitig das Ende der Junta, denn die Generäle verweigerten den Befehl.

Man möchte annehmen, dass der Putsch in Griechenland zwangsläufig auf Dauer ENOSIS nach sich ziehen musste, waren doch sowohl Junta als auch das Makarios-Regime ENOSIS-Anhänger. Makarios aber galt zu jener Zeit bereits dem kommunistischen Lager gegenüber als sehr offen und aufgeschlossen und war damit für die Obristen ein Störfaktor. Die Junta konnte weder mit den Vokabeln Demokratie und Menschenrechte etwas anfangen noch mit dem Kommunismus. Außerdem verstand man in Athen unter ENOSIS ein Zypern, das sich vollkommen der griechischen Machtkonstellation fügen sollte. Eine gewisse lokale Eigenständigkeit wollte Makarios aber behalten und zudem eine wichtige Rolle in der dann „vereinten" griechischen Politik spielen. So wurde Makarios' freiwilliger Abgang oder sein Abtreten von der zyperngriechischen politischen Bildfläche zur Voraussetzung für weitere Schritte der Junta. Weiter angeheizt wurde die Stimmung zwischen Athen und Nikosia, als im Juli 1967 Moskau Besorgnis äußerte, man befürchte einen Putsch gegen den Erzbischof. Athen dementierte freilich, putschte dann aber sieben Jahre später doch gegen den Präsidenten Restzyperns. Makarios entfernte sich in dieser Zeit immer weiter von der Athener Politik, auch weil er von Vorhaben, seine Person zu entfernen, Kenntnis gehabt haben musste. Seine politische Marschrichtung war deutlicher nach Moskau gerichtet, die UdSSR wurde zu seinem wichtigsten großen politischen Partner.[69] In den USA brachte ihm dies den Beinamen „Castro im Priesterrock" ein. Der Erzbischof ging sogar so weit, in Griechenland verfolgten Demokraten, Kommunisten bzw. Sozialisten auf Zypern Asyl zu gewähren.

Als sich der Erzbischof dann auch noch offiziell von der bedingungslosen Union mit Athen distanzierte, wurde das Klima zwischen Athen und Nikosia wirklich frostig.[70] Auch innerhalb der zyperngriechischen politischen Landschaft machte sich Makarios Feinde, auch wenn er 1968 mit einem eigentlich eher bei kommunistischen „Politbüro-Abnickwahlen" oder bei Parteitagen der bayerischen CSU üblichen Ergebnissen von über 95 Prozent wiederge-

---

[69] Bis heute gilt Russland als enger Partner Südzyperns.

[70] Wenn man sich die Aussagen Makarios in den Jahren 1969 bis 1974 genauer ansieht, wird man kaum bestätigen wollen, dass der Erzbischof von ENOSIS abgekehrt wäre. Nach wie vor war die Union mit Griechenland sein politisches Hauptziel, nach wie vor stemmte er sich gegen den Status als zweites Staatsvolk für die Türken Zyperns und nach wie vor wollte er den absoluten Machtanspruch über Zypern zum Ausbau des Panhellenismus nutzen.

wählt wurde. Trotzdem wandten sich einige Aktivisten eher dem Lager der Grivas-Anhänger zu.

Die Aufhebung des Embargos gegen die türkischen Bewohner erleichterte insgesamt das Leben der Inseltürken nur unmerklich, denn die politische Isolation blieb. Makarios wandte sich auch nicht dem zweiten Staatsvolk zu, sondern lediglich von Athen ab.

Allgemeine Betrachtungen

Bis 1974 wurde das Verhältnis zwischen Griechen und Zyperngriechen weiter schlechter, gleichzeitig blieb es auf der Insel aber für die Türken unmöglich, sich als zweites Staatsvolk darzustellen. Als der Erzbischof die unzähligen festlandsgriechischen Soldaten auf der Insel mit Skepsis zu betrachten begann und sie wieder in ihrer Heimat wünschte, reagierte man in Athen sehr gereizt. Warum man über diese gespannte politische Lage heute vom *Press and Information Office* der Republik im Süden Zyperns nichts erfährt, liegt auf der Hand. Diese Situation der damaligen Zeit passt nicht in die gängige Sichtweise des Gesamtkonfliktes. Erst die türkische Militärintervention einte die beiden griechischen Lager schlagartig: Man stand nun wieder einem gemeinsamen Feind gegenüber, den man auch nur gemeinsam bezwingen konnte, zumal dieser Feind den beider Seiten eigenen Nationalismus – in Form des Panhellenismus – bedrohte. Heute passt ein griechisch-griechischzyprischer Dissens nicht mehr in das säuberlich zurecht gerückte Bild von der engen Freundschaft zwischen Athen und Nikosia. Dass es sich bei der Intervention von 1974 um einen aggressiven Überfall durch Ankaras Truppen handelte, kann international nur dann glauben gemacht werden, wenn ein Bild gezeichnet wird, das Zypern und Griechenland friedlich und geeint für eine gemeinsame Zukunft beider Volksgruppen kämpfen ließ. Dazu aber mussten die Zyperngriechen als Opfer der Konflikte dargestellt werden und die eigene Schuld an den Krisen der Jahre 1955 bis 1959, 1963 und ´64, aber auch 1967 und vor allem 1974 kaschiert werden. Dazu war es von großer Notwendigkeit, die Ursachen und Hintergründe der türkischen Militäraktion 1974 zu verschleiern. Das gelang der nach 1974 anerkannten Republik im Süden Zyperns durch die Wirrnisse der Zeit recht gut. Bis heute versucht man in Athen und Nikosia international darauf hinzuweisen, dass es Ankaras alleiniges Ziel sei, Zypern oder wenigstens Teile davon zu erobern. Und leider schallen ab und an nationalistische Töne aus Ankara auf die Insel, die dieser Behauptung der Griechen „Nahrung" liefern.

Sicherlich ist nicht jedes Handeln Ankaras zu rechtfertigen. Vor allem die traurigen Morde an der Grenzlinie im Sommer 1996 verdienen Kritik. Sehr wohl aber darf es das Ziel sein, auf die Einseitigkeit der europäischen und amerikanischen Zypernpolitik hinzuweisen. Auch darf es Ziel dieser Arbeit sein, die zyperngriechische Mitschuld an der heutigen Lage herauszuarbeiten – und meines Erachtens tragen die Zyperngriechen eine weitaus größere Schuld daran, dass die Insel heute geteilt ist, als man annimmt. Zudem dürfen die türkischen Zyprer durchaus als Opfer der Entwicklung bezeichnet werden, denen jede internationale Lobby fehlt.

Noch immer aber ist man sich in Teilen der griechischzyprischen Gesellschaft der Mitschuld nicht bewusst. So findet sich in der deutschsprachigen *Athener Zeitung* vom 22. November 1996 ein Interview mit dem damaligen zyperngriechischen Parlamentspräsidenten und ehemaligen Staatsoberhaupt der Republik Zypern, Spyros Kyprianou[71]. Dort nimmt dieser Bezug auf eine EU-Mitgliedschaft des griechischen Teil Zyperns:

> „Es wäre ungerecht für Zypern, ein Land, das eine Invasion erlebte und besetzt wurde, bestraft zu werden. Das wäre so, als ob wir der Täter wären und nicht das Opfer, wenn wir erst dann der EU beitreten dürften, wenn es der Besatzer für richtig hält. (...) Um die Rechte des zypriotischen Hellenismus bestmöglich Realität werden zu lassen, müssen wir die internationale Staatengemeinschaft aufklären (...). Außerdem sollte man alle Kräfte des Hellenismus mobilisieren (...)."

Allein dieser Ausschnitt macht deutlich, dass man auf zyperngriechischer Seite weder anerkennen will, dass Zypern auch ein Land ist, in dem ein zweites Staatsvolk bewusst angegriffen wurde. Was Kyprianou unter „aufklären" versteht, habe ich versucht oben bereits anzureißen. Die „Rechte des zyperngriechischen Hellenismus" definiert man in Südzypern meist über den Herrschaftsanspruch über ganz Zypern, so wie dies in den Jahren 1963 bis 1974 der Fall war. So sind plakative Aussagen der Zyperntürken, wie „Man kann die Uhren nicht mehr bis 1963 zurückdrehen!" nicht ohne besorgten Hintergrund. Die „Mobilisierung des Hellenismus" konnte

---

[71] 1932-2002.

man im Sommer 1996 sehen, als Tausende Zyperngriechen zusammen mit Mitstreitern vom griechischen Festland in der Pufferzone zwischen der Republik im Süden und der TRNC Protestaktionen durchführten, wobei in der Pufferzone sogar Feuer gelegt wurde. Griechische und zyperngriechische Fahnen mit der abstoßenden Aufschrift „Fuck Turkey" waren damals traurige Beweise, dass ein friedliches Zusammenleben der beiden Volksgruppen unmöglich ist, es sei denn die Zyperntürken wären bereit, die Rolle der unbedeutenden Minderheit zu spielen, wovon natürlich nicht auszugehen ist. Von der Kehrseite der blutigen Proteste im Sommer 1996[72] wurde aber international kaum berichtet. Das Schema war deutlich ablesbar: Die Griechen Zyperns demonstrieren für ihr Recht, die Herrschaft über Gesamtzypern ausüben zu dürfen, es kommt zu Zusammenstößen mit türkischen Gegnern, bei welchen zwei Griechen erschossen bzw. erschlagen werden. Als Schuldiger ausgemacht wurde die Türkei, nachdem es ihr Militär war, das brutal zuschlug. Auch bei Wahlen im Norden Zyperns wird meist darauf geschielt, welches Lager die Regierung stellt und sollt eine Einigung scheitern, obwohl ein „liberaler" oder „progressiver" Präsident an der Macht ist, wird der Hinweis laut, dass Ankara die Einigung blockiert haben musste.[73]

---

[72] An anderer Stelle folgt eine ausführliche Darstellung.

[73] So mehrfach geschehen in der Zeit von Präsident Mehmet Ali Talat (2005-2010) und in der Amtszeit von Mustafa Akinci (seit 2015).

3. Putsch und Intervention: traurige Meilensteine 1974

Im Nachhinein betrachtet bedeutete das Jahr 1974 für Griechen und Türken Zyperns grundsätzlich Gegenteiliges. Die Zyperngriechen betrachten die Intervention des türkischen Militärs als den Beginn der Zypernkrise, verursacht durch eine Okkupation Nordzyperns. Auf inseltürkischer Seite brachte die Intervention, oft einseitig als „Peace Operation" bezeichnet, Ruhe und Sicherheit durch die Teilung in zwei Territorien. Das Jahr 1974 veränderte die politischen Handlungsmuster und zementierte Einstellungen für mittlerweile gut vier Jahrzehnte. In diesem Jahr wurde viel Leid über beide Volksgruppen gebracht, sodass 1974 sicherlich als wichtigster Wendepunkt in der modernen Geschichte der Insel betrachtet werden muss, wenn auch im Zusammenhang mit den Ereignissen der Jahre 1960 und 1963 - was vor allem bei inselgriechischen Darstellungen oft zu kurz kommt.

Der Putsch gegen Makarios III.

Makarios, der allmählich spürte, dass Athen versuchte, seine Macht zu untergraben, bemühte sich, sich mit unterschiedlichen Mitteln gegen den griechischen Klammergriff zu wenden. Seine politische Tendenz hin zu kommunistischen Staaten wurde am 17. Mai durch einen Besuch in Peking bei Mao Tsedong zementiert. Die Obristen in Griechenland übten heftigen Protest an dieser Politik. Bereits am 1. September 1971 war General Grivas auf die Insel zurückgekehrt, nachdem man ihn im Zuge der Kophinou-Krise ja nach

Griechenland verbannt hatte. Grivas, bekannt für seinen ungebrochenen ENOSIS-Fanatismus, bestand weiter auf der Union mit Griechenland und wurde so zu einer Bedrohung für den Präsidenten. Unter Grivas kam es zu der für den Erzbischof nun gefährlichen Verbindung zwischen zyperngriechischen Nationalgardisten und griechischen Truppen. Noch kurz vor seinem Tod im Januar 1974 ebnete der General den Weg für einen Putsch gegen den ehemaligen Verbündeten. An diesem Punkt zeigt sich einmal mehr die Ironie der Geschichte: Makarios selbst hatte einst die griechischen Truppen auf die Insel geholt um ein militärisches Bollwerk gegen mögliche türkische Einsätze zu besitzen. Nun sollten diese Truppen seiner eigenen politischen Machtbefugnis den entscheidenden Riegel vorschieben. Grivas hatte die EOKA unter dem Namen EOKA-B wieder aufleben lassen. Per Dekret ließ der Erzbischof diese Vereinigung am 25. April für illegal erklären, obwohl sie Ziele vertrat, die der politischen Marschrichtung des Erzbischofs recht nahe standen – jedenfalls wäre dies noch wenige Jahre zuvor der Fall gewesen.

Makarios forderte die EOKA-B auf, jede Aktivität gegen die Regierung Zyperns[74] zu unterlassen; er forderte die Zyperngriechen auf, loyal hinter ihm und seiner Regierung zu stehen und die Aktionen der EOKA-B zu bekämpfen und er forderte von Griechenland das Ende der Angriffe gegen seine Person. Er werde alles unternehmen, Gewalt und Terror zu bekämpfen. Gewalt und Terror waren Mittel, deren sich der Erzbischof und Staatspräsident zehn Jahre

---

[74] Womit Makarios immer ausschließlich die Regierung der griechischzyprischen Rumpfrepublik meinte.

lang allerdings selbst bedient hatte um die Inseltürken aus dem gemeinsamen Leben der Partnerschaftsrepublik auszuschließen.

Ab etwa Mai 1974 wurde begonnen, gezielt Waffen aus den Arsenalen der Nationalgarde zu entwenden. Um dem Gegenwind eine politische Erwiderung entgegenzusetzen, kürzte Makarios die Wehrpflicht auf vierzehn Monate und verkleinerte die illegale Nationalgarde auf 5.000 Mann. Am 2. Juli schrieb er der Obristenjunta in Athen und forderte die politischen Führer auf, die festlandsgriechischen Truppen unverzüglich abzuziehen. Er lieferte auch eine Begründung, warum für ihn in dieser Zeit ENOSIS nicht in Frage käme: Er habe schlicht etwas gegen Militärdiktaturen. Damit setzte der Erzbischof alles auf eine Karte und versuchte, seine selbst nicht verfassungskonforme Regierung zu retten. Das gesetzte Ultimatum, die Truppen nach Griechenland zurückzubeordern, ließ die Junta aufhorchen.

Trotz aller Differenzen zwischen Makarios und der Athener Junta gab es zu dieser Zeit keinen politischen Schulterschluss zwischen der inselgriechischen Führung und den Zyperntürken. Für Rauf Denktaş war Makarios kein Verhandlungspartner mehr, denn zu sehr stand er unter politischem Druck.[75]

Am 13. Juli wurde in Athen ein Putsch gegen Makarios III. beschlossen. Der Erzbischof selbst war zu diesem Treffen eingela-

---

[75] Vgl. auch Uli Piller, Rauf Denktas -sein Leben für Nordzypern, S. 66-67.

den worden, ebenso wie ranghohe Militärs der Nationalgarde. Makarios lehnte die Teilnahme an einem Treffen in Athen ab, womit man in Griechenland freilich im Vorfeld bereits gerechnet hatte. Eine angebliche Vertagung der Sitzung auf Montag darf als Finte gelten; längst war der Putsch gegen Makarios beschlossene Sache.

Der Umsturz sollte auf verschiedenen Ebenen stattfinden. Erst einmal galt es, den Präsidentenpalast zu stürmen und den Erzbischof zu eliminieren. So stürmten Nationalgarde und Einheiten der EOKA-B in den frühen Morgenstunden des 15. Juli 1974 mit einem guten Dutzend Panzer die Residenz des Staatschefs in Nikosia. Obwohl die rund 190 Mann umfassende loyale Leibgarde Makarios' den Palast noch etwa drei Stunden halten konnte, siegten die Putschisten schlussendlich. Die Zeit der Gefechte um das Gebäude nutzte Makarios, der seinen Priesterrock ablegte und über einen Hinterausgang auf die Straße verschwand, ein vorbeikommendes Auto anhielt und sich in Sicherheit bringen ließ. Trotzdem verkündeten die Putschisten, die in der Zwischenzeit auch die Rundfunkeinrichtungen der Hauptstadt besetzen konnten, dass Makarios nicht mehr am Leben sei. Der Erzbischof aber wurde von der britischen Militärbasis Akrotiri aus außer Landes nach Malta gebracht. Von dort aus floh er nach London.

Als die Putschisten unter EOKA-B-Kommando versuchten die polizeilichen Aufgaben an sich zu reißen, kam es zu erbitterten Kämpfen um die einzelnen Polizeireviere und Hauptquartiere. Noch am selben Tag ernannte die EOKA-B Nikos Sampson, einen Zei-

tungsverleger, der öffentlich immer wieder seinen Stolz auf Mordta-
ten gegen Türken bekundete, zum Präsidenten Zyperns. Eine ENO-
SIS-Erklärung hatte Sampson, der die Zeitung *Machi*[76] herausgab,
bereits vorgefertigt, die Umsetzung war nur mehr eine Frage von
wenigen Tagen.

Sampson nannte seine Regierung eine Regierung „der nationalen Rettung" und veröffentlichte umgehend ein Regierungspro-
gramm. Seine sofortigen Ziele waren:

a) Zypern bleibt Staatenbündnissen fern und gehört weiter
den so genannten Blockfreien an;

b) innerhalb eines Jahres werden Neuwahlen durchgeführt;

c) eine „geistige Einheit" innerhalb der inselgriechischen
Volksgruppe wird gewährleistet;

d) Differenzen in der Kirchenführung werden beigelegt;

e) mit den Türken Zyperns werden Verhandlungen geführt.

Über ENOSIS verlor der Putschistenpräsident kein Wort.
Auch erklärte er den Putsch umgehend zu einer inneren Angelegenheit Zyperns, um einen möglichen Einmarsch türkischer Truppen
international als Akt aggressiver Expansionspolitik Ankaras geißeln
zu können. Makarios sah dies ganz anders und wetterte – in Sicherheit gebracht – noch am 15. Juli 1974 lautstark gegen die, so Maka-

---

[76] Griech.: Der Kampf.

rios wörtlich, „griechische Invasion" auf Zypern.[77] Angeblich ließ der Erzbischof noch am Abend des 15. Juli in Radio „Freies Zypern" zum bedingungslosen Widerstand gegen die Putschisten auffordern. Und tatsächlich, die Inselgriechen wurden durch den Umsturz in zwei Lager gespalten: Makarios-Gegner und treue Anhänger formierten sich binnen Stunden. Die Wirren des 15. Juli hatten zur Folge, dass die Zyperntürken zutiefst besorgt auf die Entwicklungen schauten. Noch gab es keine Angriffe auf ihre Volksgruppe. Sampson erhoffte sich so einen türkischen Angriff abzuwehren. Athen erklärte ebenfalls rasch und ausdrücklich, dass es keinen Anlass sehe, sich in die „inneren Angelegenheiten Zyperns" einzumischen. Die Tatsache aber, dass die Obristen in Athen tatkräftig an der Umsetzung des Putsches mitgewirkt hatten, lassen diese Aussagen als bloße Lippenbekenntnisse erscheinen, zumal Athens Soldaten auf Zypern kräftig agierten und die Makarios-Gegner unterstützten.

Es dauerte noch eineinhalb Tage, bis am 17. Juli 1974 die gesamte Insel unter Kontrolle der EOKA-B war. Sampson schüchterte die Zivilbevölkerungen über Radio ein, indem er jedem, der Widerstand leiste, standrechtliche Erschießung androhte. Und tatsächlich verübten die Terroristen der EOKA-B bereits in den ersten beiden Tagen nach dem Putsch Blutbäder unter Anhängern der linksliberalen kommunistischen Arbeiterpartei AKEL und der Kommunistischen Partei Zyperns. In einem Krankenhaus in Nikosia vernichteten

---

⁷⁷ Vgl. Uwe Berner, Das vergessene Volk, S. 257. Berner geht näher auf die Bedeutung dieser Aussage Makarios' ein. Es entbehrt nicht eines gewissen Zynismus, dass gerade der Erzbischof, der Zypern noch vor Jahren als Teil Griechenlands ansah, nun von einer griechischen Invasion auf der Insel sprach.

Sampsons Männer wichtiges Blutplasma, das Verletzten das Leben hätte retten können. Fast alle Ziele der Putschisten waren bis zum 17. Juli umgesetzt: Makarios war ersetzt, die Türken wurden in Schach gehalten, ENOSIS war nur mehr eine Frage der Zeit. Nur international bereitete den Obristen und ihren Handlangern auf der Insel eines Probleme: Makarios war am Leben und konnte der Welt-öffentlichkeit ein anderes Bild der Lage vermitteln.

Bereits am 16. Juli erklärte Rauf Denktaş, offiziell Vizepräsident der Republik, vor der Presse, man habe ihm angeboten, auch unter Sampson das Amt des offiziellen Vizepräsidenten auszuüben, das er die Jahre zuvor nicht ausübte, sondern lediglich formal inne hatte. Der erklärte jedoch, er habe das Angebot ohne Zögern abgelehnt, weil alles andere eine Anerkennung des Sampson-Regimes gewesen wäre. Er beteuerte, dass die türkische Volksgruppe alles daran setzen würde, sich nicht in die Kampfhandlungen hineinziehen zu lassen, jedoch sei man nicht gewillt, Angriffe zu dulden. Denktaş äußerte Zweifel, dass Sampson daran dachte, zum Partnerschaftsprinzip zurückkehren zu wollen. Dieser verfolgte Zeit seiner politischen Karriere nur ein Ziel: ENOSIS. Nicht nur die Türken Zyperns waren mit Sampson nicht einverstanden, auch innerhalb der griechischen Volksgruppe gab es eine breite Gegnerschaft, die jedoch durch die Drohungen und Taten eingeschüchtert werden konnte. Der türkische Premierminister Bülent Ecevit machte deutlich, dass Ankara Sampson nicht dulden werde, zumal seine ehemals aggressive ENOSIS-Politik eine offensichtliche Union mit Griechenland auch zu diesem Zeitpunkt vermuten ließe. Etwas später erklärte

Denktaş dann vor Journalisten, Nikos Sampson sei für die Zyperntürken so unannehmbar wie einst Adolf Hitler für die Juden.[78] Denktaş sah es als seine Aufgabe, sich um das Wohl der Zyperntürken zu
sorgen und sie aus den militärischen Auseinandersetzungen innerhalb der Inselgriechen herauszuhalten.

> „My concern was to keep Turkish Cypriots, who were in en-
> claves all around the island, safe and secure. So I appealed
> to them to keep calm and not to do anything which might give
> Greek Cypriots an excuse for attack. I kept telling them that
> this was an inter-Greek affair, but sent messages to Turkey
> that if Turkey did not intervene Enosis would certainly be de-
> clared and that we stood in great danger."[79]

Als Makarios via Malta in London eintraf, sicherte man ihm
vollste Unterstützung zu und sprach sein Missfallen gegenüber den
Entwicklungen der vergangenen Tage auf Zypern aus. Die Regierung in Downing Street sicherte zu, alles Erdenkliche zu unternehmen, um die Putschistenregierung zu ersetzen und Makarios eine
Rückkehr zu ermöglichen. Dass auch Makarios seit 1964 mehr oder
weniger illegal regiert hatte, spielte in diesen Tagen – wie auch die
zehn Jahre zuvor – keine Rolle. Nur in Washington empfing man
Makarios nicht als Präsidenten sondern lediglich in seiner Rolle als

---

[78] Vgl. Uli Piller, Rauf Denktas - Sein Leben für Nordzypern, S. 70.

[79] Rauf Denktas an den Autor der vorliegenden Arbeit im Zusammenhang mit der
Erstellung dessen Arbeit (Rauf Denktas - Sein Leben für Nordzypern), zitiert dort
auf S. 71.

Erzbischof. Dies aber dürfte nicht darauf schließen lassen, dass es in den USA ein Bewusstsein für das Unrecht der Vergangenheit gegeben haben sollte, sondern eher dafür, dass das Liebäugeln des Erzbischofs mit den Kommunisten in Moskau und Peking in den USA auf großes Missfallen gestoßen war. Es kursieren sogar Ansichten, wonach der CIA den Putsch nicht nur geduldet, sondern sogar die Fäden gezogen haben könnte. Eine Regierung auf Zypern, die einen Kurs verfechten würde, der klar gegen die UdSSR und China gerichtet war, war Washington allemal lieber als der Erzbischof. Das Thema Zypern aber beschäftigte die USA zu diesem Zeitpunkt kaum, war man doch innenpolitisch mit der *Watergate-Affäre* befasst. Wie man international schon 1963 die Kriegswirrnisse verurteilte ohne zu handeln, verurteilte man auch jetzt griechische Einmischungen auf Zypern und die Aktionen der Putschisten ohne zu handeln. Das Ausbleiben US-amerikanischer und sowjet-russischer Reaktionen legitimierte Ankaras Einschreiten zusätzlich. Die Garantiemacht musste politischen und nötigenfalls militärischen Einfluss ausüben, wollte sie ENOSIS verhindern und am Ende eine Provokation der Obristen auf türkischem Territorium.

Der Putsch und seine direkten Folgen auf Zypern hatten Auswirkungen auf das sensible Gefüge zwischen den beiden Nachbarstaaten Griechenland und Türkei. Athen konnte ein kleines Stück der *Megali Idea* verwirklichen, die Insel Zypern befand sich komplett im Machtbereich der Griechen. Aus der Logik Ankaras gab es keine andere Wahl als militärisch einzugreifen, zumal die griechische Seite auf Zypern ab dem 17. Juli 1974 auch noch Rechtfertigungsgründe in Form von Angriffen gegen die Inseltürken lieferte. Schon an diesem Tag verlautbarte aus Ankara von Premier Ecevit, er werde keinen weiteren Veränderungen auf der Insel mehr tatenlos zusehen. Er flog in die britische Hauptstadt um mit Großbritannien das weitere Vorgehen zu koordinieren. Aber weder Premierminister Wilson noch sein Außenminister Callaghan waren bereit, gemäß der Garantieverträge militärisch zu intervenieren. Wohl dürfte der Grund für die Passivität die Angst vor Übergriffen auf die eigenen militärischen Basen gewesen sein. Mit einer Parteinahme für die türkische Minderheit wären die militärischen Zonen bei Larnaka und Limassol auf Dauer Angriffsziele der Zyperngriechen geworden. Damit blieb die Türkei die einzige legitime Schutzmacht, die militärisch eingreifen durfte, hatte Athen ja anderweitig bereits in den Konflikt eingegriffen, bzw. ihn ausgelöst. In London wurde vorgeschlagen, man solle vor einer militärischen Aktion Gespräche mit Athen über das gemeinsame Vorgehen führen. Ecevit musste ablehnen. Athen mit einzubeziehen, hätte bedeutet, der Aussage, bei dem Putsch habe es sich um eine „innere Angelegenheit" Zyperns gehandelt, Glaubwürdigkeit zu verleihen. Wie bereits erwähnt, sprach aber selbst Makarios von einer Invasion Griechenlands auf Zypern. Wilson und Callaghan lehnten Ecevits Gesuch ab, in den britischen Basen türkisches Militär stationieren zu dürfen, um somit auf neutralem Boden zur Deeskalation beizutragen. Mit dieser Einstellung zog sich London aus der Verantwortung; Ecevit hielt später in seinen Memoiren fest:

„Sie[80] haben uns alles verweigert, worum wir gebeten haben; ich hoffe, dass ihnen die Verantwortung für diese Weigerung in den kommenden Jahren nicht zu schwer auf dem Gewissen lastet."[81]

Dies beweist, dass Ankara ernsthaft versucht hatte, die notwendige Intervention zusammen mit Großbritannien durchzuführen und widerlegt somit auch die Behauptung, Ankara habe lediglich eine Okkupation Zyperns oder eines Teils davon angestrebt, um seine Macht zu erweitern.

Die erste Phase der türkischen Intervention (Attila I)

Nachdem selbst Makarios aus dem Exil erklären ließ, die Türken Zyperns befänden sich in Gefahr[82], stellte Ecevit einen Katalog an Forderungen zusammen, die umgehend erfüllt werden sollten:

a) Nikos Sampson ist umgehend abzusetzen;

b) es dürfen keine weiteren griechischen Soldaten mehr nach Zypern gelangen;

c) den Zyperntürken ist ein sicherer Zugang zum Meer zu gewähren;

---

[80] Die Briten.

[81] Zitiert nach: Uwe Berner, Das vergessene Volk, S. 244.

[82] Und dem Erzbischof kann mit Sicherheit nicht nachgesagt werden, er wäre ein Freund der türkischzyprischen Volksgruppe gewesen.

d) alle festlandsgriechischen Soldaten müssen die Insel umgehend verlassen.

Keine dieser Bedingungen wurde bis zum 19. Juli erfüllt. Am 19. Juli kam es zu ersten Gesprächen auf diplomatischer Ebene. Der US-Diplomat Sico fungierte dabei als Vermittler. Gleichzeitig aber liefen in Ankara die Vorbereitungen für ein militärisches Eingreifen auf Hochtouren. In New York trat um 18.30 Uhr (Ortszeit) der Weltsicherheitsrat zusammen und appellierte an „alle Parteien", einen Militärschlag zu unterlassen. Zu diesem Zeitpunkt war es auf Zypern bereits nach Mitternacht und die türkischen Truppen hatten die Vorbereitungen erfolgreich abgeschlossen. Sie befanden sich auf dem Weg auf die Insel. Glafkos Klerides erinnert sich in seinen Memoiren, dass das türkische Militär den Hafen von Mersin etwa gegen 17.30 Uhr (Ortszeit) verlassen habe.

Die zyperngriechische Nationalgarde postierte sich zusammen mit der griechischen Unterstützung an der weiten Bucht von Famagusta, wo man mit den Landemanövern gerechnet hatte. Tatsächlich entschlossen sich die türkischen Militärs aber an einem schmalen Strandabschnitt bei Kyrenia an Land zu gehen. Der Auftrag der türkischen Soldaten lautete: Eroberung eines Meereszugangs und Sicherung eines Brückenkopfes zwischen Nikosia und Kyrenia. Durch die Absicherung des Küstenstreifens bei Kyrenia war bereits ein Zugang zum Meer gesichert. Gegen 5.00 Uhr in den frühen Morgenstunden des 20. Juli 1974 landeten Fallschirmjäger in der Nähe von Nikosia, die bereits um 5.04 Uhr durch weitere Einheiten verstärkt wurden. Etwa 150 zyperntürkische Mann stießen aus Temblos (jetzt türk. Zeytinlik) zu den türkischen Truppen an der Küste und dienten ihnen als Wegweiser durch das unwegsame Gebiet im Fünffingergebirge (griech. Pentadaktylos, türk. Beşparmak). Die vordringlichste Aufgabe der Operation *Attila* war es nun, eine Verbindung zwischen der größten Enklave bei Nikosia und der Hafenstadt Kyrenia zu schaffen.

Der internationale Flughafen westlich von Nikosia wurde geschlossen und hart umkämpft. Die Türken mutmaßten ihn als Nachschubquelle für die Nationalgarde und nahmen das Flugfeld ein. Der internationale Flughafen von Nikosia steht bis heute unter der Aufsicht der UNO-Blauhelme und liegt in der für Griechen wie Türken gesperrten Pufferzone.[83]

Der erste Tag der Operation verlief militärisch gesehen relativ ruhig, d.h. die deutlich stärkere türkische Armee verbuchte Landgewinne, ohne dass auf beiden Seiten größer Opfer zu beklagen waren. Bereits am 21. Juli 1974 aber änderte sich dies: Zwischen 1.800 und 2.000 Menschen mussten bei erbitterten Kämpfen ihr Leben lassen. Heftige Luftangriffe auf das Fünffingergebirge verwandelten einen ganzen Landstrich in einen unübersichtlichen Waldbrand; bis heute haben sich einige Wälder davon nicht erholt.[84] Am 22. Juli fiel

---

[83] Im Süden Zypern gibt es zwei internationale Flughäfen in Larnaka und Paphos, im Norden den Flughafen Ercan.

[84] Im Juni 1995 vernichtete ein neuerlicher Waldbrand fast 6.500 Hektar Wald, sodass manche Wälder im Fünffingergebirge mittlerweile fast vollständig vernichtet wurden (s.u.).

Kyrenia widerstandslos an die Türken. Da die Hauptstadt Nikosia faktisch seit 1964 in zwei Zonen geteilt war, fiel die Lokalisierung der Kämpfe hier leichter: Der griechische Teil (eher im Süden der Stadt) kämpfte gegen die aus nördlichen Vierteln vorstoßenden türkischen Truppen, die zudem von der türkischen Luftwaffe unterstützt wurden. In Limassol (an der Südküste) gingen Putschisten und Nationalgarde zum Gegenangriff über. In einem Stadion wurden rund 1.800 Zyperntürken interniert, darunter auch viele Frauen und Kinder. Nach einem Bericht der *dpa* sei ein Kleinkind in den Armen seiner Mutter erschossen worden, nur weil es der jungen Frau nicht gelang, das Kind ruhig zu stellen. Die UNO-Blauhelme, die der Lage nicht gewachsen waren, versuchten das Stadion zu bewachen, mussten aber tatenlos zusehen, wie die darin eingeschlossenen Menschen litten. Überall auf der Insel verübten in diesen Tagen Putschisten und EOKA-B-Aktivisten Racheakte gegen die zyperntürkische Zivilbevölkerung. Etwa 50 Inseltürken kamen ums Leben als Putschistenverbände zwei Dörfer bei Limassol angriffen. Die Zyperntürken, die hinter den Altstadtmauern von Famagusta ausharrten, seit sie sich 1964 in dieses Ghetto zurückzogen hatten, wurden heftig beschossen. Nahe der Hafenstadt Paphos versenkte das türkische Militär versehentlich einen eigenen Zerstörer samt 50 Mann Besatzung. Auch auf griechischer Seite kam es zu solchen Zwischenfällen, als eigens aus Griechenland gesandte Kampfflugzeuge abgeschossen wurden – man hielt sie für die türkische Luftwaffe. In der näheren Umgebung von Larnaka wurden etwa 15 Zyperntürken von Griechen mit Traktoren überfahren und dann verscharrt. Durch massiven Gewalteinsatz gelang es der EOKA-B in den südlichen Regionen Zyperns rund 65.000 Menschen einzukesseln und zu bedrohen, die allermeisten davon Zyperntürken.

Zwar hatten die Vereinten Nationen bereits am Tag der Landung Stellung zu den Ereignissen auf Zypern genommen, konnten aber erst am 22. Juli einen ersten Waffenstillstand durchsetzen. So sollten ab 15.00 Uhr (Ortszeit) alle Waffen schweigen. Tatsächlich wurde aber noch bis in den frühen Abend weiter gekämpft. Noch am selben Tag einigten sich alle Beteiligten, am 24. Juli in Genf zu Gesprächen zusammen zu kommen. Am 23. Juli konnte Ankara einen weiteren Erfolg verbuchen: Nikos Sampson wurde abgesetzt und durch den Parlamentspräsidenten Klerides ersetzt. Ebenfalls am 23. Juli traten in Athen die Obristen ab, nachdem die eigenen Generäle den Befehl, die Türkei anzugreifen, verweigert hatten. Karamanlis wurde neuer Regierungschef und sein Außenminister Mavros leitete die griechische Delegation in Genf.

Die Verhandlungen in Genf

Am 25. Juli kamen am Genfer See der britische Außenminister Callaghan, seine Amtskollegen aus der Türkei, Güneş, und Griechenland, Mavros, zusammen um über die Zukunft der Insel zu debattieren. Zu diesen Gesprächen waren zyprische Vertreter anfangs nicht geladen, was man nur erstaunt zur Kenntnis nehmen kann. Nach Gründen für ein solches Verhalten zu suchen, wäre müßig; jeder musste gewusst haben, um wessen Zukunft es ging und wer auf Zypern auch in Zukunft zusammenleben musste: Zyperngriechen und –türken. Die Entscheidung keine zyprischen Delegationen nach Genf einzuladen, stellte einen weiteren Schritt in Richtung vollständiger Abhängigkeit von den jeweiligen Mutterländern dar. Zudem sollte es den Eindruck erwecken, es gehe um eine Invasion türkischer Truppen, der auf der anderen Seite das zyprische Volk - geschützt durch Athen - gegenüberstand.

Die griechische Position in Genf war zweifelsohne deutlich: Alle türkischen Truppen, die Zypern am 20. Juli „überfallen" hatten, müssten noch vor inhaltlichen Verhandlungen abgezogen werden. Die Intervention – im griechischen Sprachgebrauch: Invasion – hatte in Griechenland und unter den Zyperngriechen schlagartig alle politischen Positionen geeint. Für die Türken Zyperns, vertreten durch Ankaras Außenminister, gab es ebenfalls ein großes Ziel, das sich aus den traumatischen Erfahrungen der vergangenen zehn Jahre entwickelt hatte. Der vage Status der Zyperntürken musste in einen rechtlich anerkannten und sicheren überführt werden; niemals mehr sollte sich die Lage so darstellen, dass man als „Bewohner zweiter Klasse" diskriminiert würde. Die einmarschierten Truppen aus der Türkei konnten dazu als ein gewisses Druckmittel dienen. Dies wusste der griechische Außenminister und machte sich daher die Neutralisierung der türkischen Truppen zur Aufgabe. Der zu diesem Zeitpunkt noch türkisch besetzte Flughafen bei Nikosia musste sofort den Vereinten Nationen übergeben geben, um dann den Griechen Zyperns wieder zugänglich gemacht zu werden. Die Türkei kam diesen Forderungen teilweise auch nach, gab den Airport in Obhut der Unficyp, diese jedoch bewacht das Flugfeld bis heute in ihrer Pufferzone. Mavros forderte weiter eine Art Schutzwall um alle türkischen Truppen herum. So sollten die UNO-Blauhelme verstärkt werden und alle Stellungen türkischer Truppen abriegeln, sodass ein Vorrücken ohne direkten Angriff auf die internationale Schutztruppe unmöglich würde. Außerdem wünschte Mavros die umgehende Installierung Makarios als alten, neuen Staatschef. Die Türken lehnten dies aber ab: Zwar war der Rückzug Sampsons das wichtigste erreichte Ziel im politischen Bereich, dennoch galt es nun die Lage auf der Insel zu nutzen, um weitergehende Forderungen durchzusetzen. Makarios war – das haben seine politischen Denkmuster, Handlungen und politischen Reden bewiesen – für die Zyperntürken ein Sicherheitsrisiko. Für Ankara erschienen die Verhandlungen zwecklos. Ein Rückzug kam nicht in Frage, zumal die Garantieverträge die Rechtmäßigkeit garantierten. Die Umzingelung durch UNO-Truppen hätte zur Folge, dass die neutrale Schutztruppe an die türkischen Truppen gebunden wäre, während die Griechen ungehindert ihre Positionen verändern und Angriffe und Einschüchterungen gegen die türkischzyprische Zivilbevölkerung vorbereiten könnten. Für Ankara war die Verhandlung über die politische Zukunft Zyperns primäre Aufgabe in Genf. Mavros lehnte dies ab. Sein türkischer Kollege Güneş forderte seinerseits:

a) die vollständige Autonomie der zyperntürkischen Enklaven und Ghettos;

b) die sofortige Beendigung der Belagerung inseltürkischer Dörfer;

c) die Anerkennung der Machtbefugnisse Rauf Denktaşs.

Mit der Frage des Abzugs türkischer Truppen wollte sich Güneş keinesfalls befassen. Freilich stieß seine Forderung nach Abzug aller griechischen Truppen, die die Putschisten unterstützten, bei Mavros auf wenig Gegenliebe, obwohl selbst Makarios einen solchen Rückzug noch Anfang Juli 1974 gefordert hatte. Die Gespräche wurden dann ergebnislos vertagt.

Der Waffenstillstand wurde zwar weithin eingehalten, dennoch versuchten alle Parteien, ihre strategische Lage zu verbessern. So drangen die türkischen Truppen von Kyrenia aus etwa acht Kilometer weiter in Richtung Osten bis zur Ortschaft Ayios Epiktitos (türk. Çatalköy) vor. Solche Aktionen trugen sicherlich nicht zur Verbesserung des Klimas für die zweite Runde der Verhandlungen bei. Die rund 65.000 Inseltürken, die von EOKA-B und Nationalgarde als eine Art menschliches Pfand gegen die türkischen Truppen benutzt wurden, waren Ausschlag für Ankaras harte Gangart und teils auch Grund für die Unnachgiebigkeit bei den Verhandlungen. Am 30. Juli wurde in Genf abschließend eine Erklärung unterzeichnet (Genfer Erklärung), die Tzermias wie folgt kommentiert:

> „Nach einem ‚Duell der Diplomaten', wobei Griechenland der Türkei die Verletzung der Waffenstillstandsabmachung vorhielt, einigten sich die Außenminister der drei Länder auf die Erklärung vom 30. Juli 1974, die eine Niederlage für Athen bedeutete."[85]

---

[85] Pavlos Tzermias, Geschichte der Repubik Zypern, S. 458.

Der Aussage, die Genfer Erklärung wäre eine Niederlage für Athen gewesen, kann entgegengehalten werden, dass Athen erst durch die Militäraktion Ankaras der Wandel von einer Obristenherrschaft zur Demokratie gelang. Es war Athen ferner gelungen, die drohende territoriale Teilung Zyperns (vorerst) zu verhindern. Tzermias mag aber richtig liegen, betrachtet man die Lage aus Sicht der Junta bzw. beschränkt man sich allein auf die Verhandlungen von Genf, wo sich Mavros mit seinen Maximalforderungen nicht durchsetzen konnte. US-Außenminister Kissinger konnte sogar einen stufenweisen Teilabzug der türkischen Armee durchsetzen.[86]

Ein weiterer Punkt des Genfer Abkommens war der Schutz und die Sicherung der zahlreichen türkischen Enklaven und Ghettos. Dazu sollten in erster Linie auch die Truppen der Vereinten Nationen herangezogen werden. Die zweite Runde der Verhandlungen sollte am 8. August beginnen und durch die Anwesenheit der ranghöchsten Politiker auf der Insel bereichert werden. Denktaş und Übergangspräsident Klerides trafen am 9. August am Genfer See ein und trugen die Vorstellungen ihrer jeweiligen Volksgruppen vor. Die Supermächte USA und UdSSR waren durch politische Beobachter vertreten. Der Konflikt entwickelte sich also zu einem internationalen Krisenherd von globaler Bedeutung. Trotz der politischen Neutralität der Blockfreien wurde Zypern zu einem interessanten Spielball für die Großmächte. Die zweite Verhandlungsrunde hatte zum einen

---

[86] Günes drohte mit seinem Rücktritt, wollte Ecevit dem Ansinnen der USA und Großbritanniens nicht nachkommen. Ecevit zeigte sich lange Zeit uneinsichtig. Die Umsetzung dieses Punkts des Abkommens fand jedoch bis heute nicht statt. Ankara zog keine Truppen mehr ab.

das Ziel, eine neue politische Ordnung auf Zypern zu schaffen (ein türkisches Vorhaben) und dabei die Sicherheitslage zu berücksichtigen, zum anderen die Frage der Stationierung fremder Soldaten auf der Insel (griechisches Anliegen). Der türkische Außenminister hatte dazu folgende Vorgaben aus Ankara mitbekommen:

a) ein vollständiger Truppenrückzug ist zum gegenwärtigen Zeitpunkt undenkbar;

b) die Enklaven müssen weiterhin alleine durch die türkische Volksgruppe verwaltet werden;

c) Denktaş muss als Vize-Präsident eines neuen Staats anerkannt werden;

d) er muss an der Gestaltung der Neuordnung auf der Insel aktiv beteiligt werden.

Der erste Punkt stand den griechischen Forderungen nach sofortigem türkischen Truppenabzug diametral entgegen. Suzan Tatlı schreibt im Zusammenhang mit der Forderung alle türkischen Truppen abzuziehen:

„Die griechische Forderung nach Abzug der türkischen Landungstruppen war und ist sowohl ungerechtfertigt als auch absurd. Denn: Griechenland hat selbst durch seine subversive Intervention auf Zypern einen Völkerrechtsbruch begangen, der eine rechtmäßige türkische Intervention zur Folge hatte."[87]

---

[87] Suzan Tatli, Der Zypern-Konflikt, S. 108.

Bevor die griechischzyprische Delegation in Genf eintraf, führte Klerides noch Konsolidierungsgespräche in Athen mit seinem Amtskollegen und dem griechischen Verteidigungsminister. Dabei wurde ganz deutlich zur Sprache gebracht: Athen könne Nikosia auf Grund seiner geographischen Entfernung keine effektive militärische Hilfe aus der Luft zukommen lassen. Deshalb kam ein Rückzug bzw. auch ein Teilrückzug der stationierten griechischen Truppen nicht in Betracht. Klerides schreibt in seinen Memoiren, dass er damals in Athen auch die taktische Vorgehensweise der Türken angesprochen habe. Für Athen und Nikosia stand fest: Ankara würde nach einem Scheitern der Gespräche seine Truppen weiter vorschicken. Man fürchtete gar die Einnahme ganz Zyperns.

Klerides und Denktaş konnten sich lediglich darauf verständigen, die Verfassung zu reformieren. Der Weg zu einer Verfassungsänderung war aber heftig umstritten. Während Klerides ein drittes Treffen am 1. September 1974 vorschlug – auch um Zeit zu gewinnen – pochte die türkische Seite auf klar definierte Rahmenbedingungen zum Schutz der Eigenständigkeit der türkischen Volksgruppe auf der Insel. Güneş und Denktaş begannen ihrerseits eine diplomatische Offensive. Am 12. August legte der türkische Außenminister den so genannten *Kantonalplan* vor, der eine Neugliederung der territorialen Struktur Zyperns vorsah. Sieben Gebiete sollten unter türkische Verwaltung, zwei territorial weitaus größere unter griechische Administration gestellt werden. Den Zyperntürken wären nach diesem Plan rund 30 Prozent der Fläche geblieben, eine Teilung in zwei Entitäten hätte unterbunden werden können. Auf politischer Ebene, so

Güneş' Vorschlag, sollte ein föderales System ähnlich dem der Partnerschaftsrepublik von 1960 eingeführt werden, das beiden Volksgruppen größtmögliche Souveränität gewähren konnte. Für die griechische Seite hätte dieser Plan aus zweierlei Gründen annehmbar sein können: Sie hätte (1) mit der Annahme dieses Planes die endgültige Teilung der Insel verhindern können und (2) einen größeren Bevölkerungsaustausch vermieden. Güneş und Ecevit widersprachen damit dem zyperntürkischen Verhandlungsführer Denktaş, der eine bi-zonale Lösung der Kantonallösung vorzog. Die griechische Seite lehnte die türkischen Forderungen aber ab, begründet damit, dass eine Übergabe der sieben vorgeschlagenen Kantone an das türkische Militär inakzeptabel sei und die angepeilten 30 Prozent Landfläche nicht dem Anteil an der Gesamtbevölkerung entsprächen. Außerdem hätte diese Lösung die Rückkehr zu den politischen Verhältnissen von 1963 verhindert. Die hegemoniale Gesamtherrschaft wird aber von Inselgriechen wie Griechen teilweise bis heute – wenn auch nicht offiziell – als anzustrebendes Ziel im Auge behalten.

Mavros und Klerides legten ebenfalls Vorschläge auf den Tisch, die aber auf türkischer und zyperntürkischer Seite Ablehnung hervorriefen. Weder Güneş noch Denktaş konnten akzeptieren, dass mit diesen Vorschlägen ein Status geschaffen werden sollte, der den Zyperntürken erneut die Rolle der ausgeschlossenen Minderheit zuteilen würde. Auch konnte die türkische Seite nicht auf die Forderungen eingehen, die Verhandlungen umgehend zu vertagen. Uwe Berner stellt dazu fest:

„Jede Verschleppung der Verhandlungen könnte ähnlich wie vor 1974 nur der griechischen Seite zu gute kommen – so lange die türkische Armee stillhielt. Und die von türkischen Truppen kontrollierte Fläche war nicht größer als die von den Zyperntürken kontrollierte Fläche vor dem 20.07.74, sondern bedeutend kleiner.“[88]

Um der griechischen Seite keine Zeit für etwaige Verzögerungen zu gewähren, sprach die türkische Delegation am 13. August eine Drohung aus. Binnen eines Tages sollte entweder Denktaş' bizonales Modell oder Güneş' Kantonalplan angenommen werden oder die türkische Seite werde die Verhandlungen für gescheitert erklären und die Schuld der griechischen Verhandlungsdelegation geben. Dies konnte nur die Fortsetzung der Krise mit militärischen Mitteln bedeuten. Die Briten hatten ihre Truppen in den Basen bei Larnaka und Limassol bereits verstärkt. Dabei sollte freilich nicht einseitig für eine Seite Partei ergriffen, sondern hauptsächlich der Schutz der eigenen Bevölkerung gesichert werden.

Zwar gab es noch Versuche, Ankara von der Fortführung der Militäroperation abzubringen, doch bestärkten ein Versorgungsengpass der zyperntürkischen Bevölkerung in Famagustas Altstadt und fortdauernde Angriffe auf die inseltürkische Zivilbevölkerung in eben dieser Stadtenklave die Türken in ihrem Vorhaben. Und eine ent-

---

[88] Uwe Berner, Das vergessene Volk, S. 288.

scheidende Stimme schwieg: Aus Washington kamen keine mahnenden Worte.

Die Fortsetzung der Militäroperation (Attila II)

Das Presse- und Informationsamt der griechischen Seite Zyperns (PIO) hat eine seiner Broschüren „Türkische Kolonisation – Eine Bedrohung für Zypern und sein Volk" genannt. Hier zeigt sich deutlich, unter welchen Aspekten die Inselgriechen die Militärintervention Ankaras betrachten. Prämisse für ein derartiges Verständnis ist die Grundhaltung, dass Zypern von griechischen Zyprern bewohnt und beherrscht wird; die Inseltürken fallen wie andere Minderheiten nicht ins Gewicht. Dies ist ein Grund, warum mit Vehemenz auf die Schicksale der Inselgriechen aufmerksam gemacht wird; so werden die türkischzyprischen Darstellungen eigener Massaker, Entführungen und Einschüchterungen als Propaganda abgetan und mit der Behauptung, Ankara suche von der eigenen Schuld abzulenken, unter den Tisch gekehrt.

Bereits einen Tag bevor „Attila II" anlief, entführten zyperngriechische Irreguläre aus dem Dorf Zyyi bei Paphos 15 Männer. Eine Kommission versucht seit einigen Jahren, die Schicksale der Vermissten (ca. 1.500 Zyperngriechen) aufzuklären. Dabei konnten auch Erfolge erzielt werden. Die Kommission dient als vertrauensbildende Maßname. Den rund 800 zyperntürkischen Vermissten wird international und in den Medien nur sehr wenig Bedeutung geschenkt.[89] Die Zyperngriechen sehen sich heute immer ausschließlich als Opfer der Geschichte. Tatsächlich aber sind sie auch die Gewinner: Nach der Teilung wurde ihr Staat, ob gerechtfertigt oder nicht sei an dieser Stelle dahingestellt, international als einziger anerkannt. Hohe finanzielle Leistungen wurden zum Aufbau der Wirtschaft erbracht, was Südzypern sein „kleines Wirtschaftswunder" bescherte. Sie haben eine Lobby in den USA und können ihren Standpunkt international glaubhaft darstellen und dabei durchaus auch Zerrbilder aufleben lassen. Russland ist enger Partner der Inselgriechen. Seit 2004 profitiert der Süden Zyperns zudem von der EU-Mitgliedschaft. Den Zyperntürken, die im Norden Zyperns um das wirtschaftliche Überleben kämpfen müssen, bietet international kaum jemand eine Plattform.

Die Lage der Inseltürken in der städtischen Enklave Famagustas war weitaus schlechter als die Situation in den Kriegsgebieten zwischen Kyrenia und Nikosia. Es mangelte den Eingeschlossenen an Lebensmitteln und Medikamenten, sie konnten das Ghetto kaum noch verlassen. Der Beschuss durch EOKA-B-Terroristen und Putschisten war eine große Belastung.

---

[89] Ich habe es mir zur Aufgabe gemacht, vor allem auf die Situation der Inseltürken aufmerksam zu machen, ihr Leid im vergangenen halben Jahrhundert darzustellen. Die Frage der Vermissten (s.u.) macht einmal mehr deutlich, wie wenig Aufmerksamkeit den Zyperntürken eigentlich entgegengebracht wird. In dieser Arbeit wird ihnen der größtmögliche Raum gewidmet, sodass sie durchaus als einseitig beschreibend erscheinen mag. Im Kanon der Zypernwerke aber ist eine solche Darstellung dringend notwendig.

Durch die Fortsetzung der Operation wollte das türkische Militär bis Famagusta vordringen, um die Zyperntürken in diesem Ghetto zu befreien. Dank massiver Einschüchterungen – auch durch die zyperngriechischen Medien selbst – trafen die türkischen Soldaten auf ihrem Weg nach Osten oftmals nur mehr verwaiste Dörfer an. Ankara machte jedoch einen taktischen Fehler: Anstatt die Verhandlungen in Genf abzubrechen und auf die Fortführung der Kriegshandlungen zu setzen, hätte die türkische Delegation unter lautstarkem Drohen weiter auf die Durchsetzung ihrer Vorschläge drängen können. So wäre der internationale Zuspruch größer gewesen. Die deutschen Pressemeldungen nach dem Putsch beispielsweise waren deutlich gegen die EOKA-B und die Putschisten gerichtet. So aber machte Ecevit den Fehler, dass er die Weltöffentlichkeit gegen sich aufbrachte und gleichzeitig auch leichtfertig zu viele Menschenleben riskierte. Er musste sich auch im Klaren darüber gewesen sein, dass der Vormarsch der türkischen Truppen in den südlichen Regionen der Insel zu Angriffen auf die inseltürkische Zivilbevölkerung führen würde. Ankara machte sich auch schuldig, den Waffenstillstand vom 30. August 1974 gebrochen zu haben.

Bis zum 16. August 1974 waren 3.355 Quadratkilometer erobert und unter türkische Sicherheit gestellt. Dies entspricht rund 36,30 Prozent der Gesamtfläche Zyperns. Die heute türkischen Gebiete liegen nördlich der Linie Lefke-Nikosia-Varosha[90], was der

---

[90] Einem Stadtteil Famagustas, der einige Kilometer südlich der Altstadt liegt und früher das Touristenzentrum der Stadt bildete Heute ist es eine verwaiste Geisterstadt.

Waffenstillstandslinie vom 16. August, 18.00 Uhr (Ortszeit), entspricht. Zusätzlich behielt die türkische Armee eine kleine Enklave bei Erenköy (griech. Kokkina). Die von Zyperntürken kontrollierten Gebiete entsprechen denen, die die USA bei ihrem Vorschlag zu einer sogenannten „Doppel-ENOSIS" bereits vor 1960 vorgeschlagen hatten.

Der Krieg forderte insgesamt bis zu 6.000 Todesopfer[91], darunter auch etliche Zivilisten. Die Flüchtlingsfrage wird seitdem als eine der wichtigsten Themenkomplexe angesehen, wenn es um die Findung einer Lösung geht. Das Außenministerium der Inselgriechen gibt an, dass rund 200.000 Inselgriechen ihre angestammten Dörfer im Norden verlassen mussten und so zu Binnenflüchtlingen wurden. Dies aber deckt sich keinesfalls mit Zahlen, die ebenfalls vom Außenministerium der Republik Zypern vorliegen. In einer Aufstellung nach der genauen Herkunft der Flüchtlinge wird angegeben, dass (1) 99.000 Zyperngriechen aus dem Raum Famagusta und der Karpazhalbinsel, (2) 47.000 aus der Gegend um Nikosia und Morphou (türk. Güzelyurt; Westzypern), sowie (3) 32.000 Zyperngriechen aus Kyrenia (türk. Girne) und (4) etwa 2.000 Menschen aus dem nördlichen Distrikt Larnaka stammen.[92] Addiert man diese Zahlen, ergibt dies eine Gesamtzahl von 180.000 Binnenflüchtlingen. Gleichzeitig gibt dieselbe Behörde Informationsschriften heraus, in

---

[91] Dr. Stavros Panteli spricht von 3.000 Opfern, manche Quellen verzichten auf die Angabe von türkischen Opfern (v.a. griechische). Die Angaben schwanken stark.

[92] Außenministerium der Republik Zypern in einem Brief an den Autor, September 1994.

denen von 160.000 Flüchtlingen die Rede ist. Die Frage, ob die tatsächlichen Flüchtlingszahlen immer wieder willkürlich der Dringlichkeit der Propaganda angepasst werden, kann an dieser Stelle nicht beantwortet werden. Der letzte Zensus vor 1974 fand im Jahr der Gründung der Republik Zypern 1960 statt. Damals lebten in dem betroffenen Gebiet im Norden Zyperns etwa 134.780 Zyperngriechen. Auf diese Zahlen kommt man, schenkt man den Angaben des Außenministeriums von Zypern Glauben. Geht man für die Jahre 1960 bis 1974 von einem jährlichen Bevölkerungswachstum von rund 1,1 Prozent aus, sowie davon, dass es nach 1963 zwar eine Binnenwanderung von Inseltürken aber nicht von Inselgriechen gegeben hat, dann ergibt sich folgendes Zahlenbild: 1974 haben im nördlichen Zypern maximal 157.090 Zyperngriechen gelebt.[93] Daraus ergibt sich, dass lediglich die Zahl 160.000 bei entsprechendem Runden als richtig angesehen werden kann. Da nach 1960 keine Volkszählung mehr durchgeführt wurde, muss diese Zahl als Grundlage dienen.

Es gab zudem auch zahlreiche zyperntürkische Binnenflüchtlinge. Die Zahlen schwanken zwischen 40.000 und 45.000, Suzan Tatlı spricht sogar von 65.000 türkischzyprischen Flüchtlingen.[94]

---

[93] Berechnet nach $POP_{neu} = POP_{alt} \times (1 + S)^T$. Dabei stehen POP_{neu} und POP_{alt} für die zu berechnende neue Population bzw. die Ausgangsbevölkerung; T steht für die jeweilige Zeitspanne (in Jahren) und S für das Bevölkerungswachstum. Daraus ergibt sich: $POP_{neu} = 134\,780 \times (1 + 0{,}011)^{14}$.

[94] Suzan Tatli, Der Zypern-Konflikt, S. 120.

Kommentar
Invasion oder Friedensoperation

Im griechischzyprischen Sprachgebrauch wird heute die türkische Militäroperation als eine Invasion mit anschließender Okkupation des Inselnordens dargestellt. Auf jeder Landkarte findet sich quer über dem Nordteil der Satz „Area inaccessable because of Turkish occupation". In vielen Diskussionen ist mir erklärt worden, dass die beiden Volksgruppen auf Zypern in Frieden und Freiheit leben wollten, 1974 die Türkei aber die Insel überfallen habe um die nördliche Hälfte zu annektieren. Diese Haltung ist nur dann verständlich, wenn man davon ausgeht, dass die Regierung des heutigen Südzypern wirklich einen rechtmäßigen Anspruch hat, die gesamte Insel zu vertreten. Tatsache ist, dass 1974 die Zyperntürken um Leib und Leben zu fürchten hatten und die Militärintervention ein nach dem Garantievertrag legitimes Mittel war, den Status Quo zu erhalten. Seitdem ringt man um eine Lösung. Eine Invasion mit anschließender Annexion des Nordens liegt mit Sicherheit nicht vor, auch wenn die Türkei heute einen enorm großen Einfluss auf die türkischen Zyprer ausübt. Die Geschehnisse von 1974 mit dem irakischen Überfall auf Kuwait zu vergleichen, wie dies die Regierung in Nikosia 1994 im Rahmen einer Postkartenaktion getan hat, halte ich für abwegig; sie zeugt von zyperngriechischer Ignoranz der eigenen Mitschuld an der heutigen Lage auf der Insel und blendet die historischen Geschehnisse 1963-64 komplett aus.

Genauso muss der neutrale Beobachter aber die Aussage zurückweisen, die Militäroperation 1974 sei eine ‚Friedensoperation‘ gewesen. Sie hat für viele tausend Menschen Tod, Verletzungen, Vertreibung und anderes Leid gebracht. Egal, ob dies Griechen oder Türken gewesen sind, es klingt wie Hohn, wenn man Morden und Vertreibungen mit dem Begriff einer Friedensoperation umschreibt. Daher behalte ich mir vor, weiterhin den Terminus „Militäroperation" bzw. „Intervention" zu verwenden, weil er am ehesten neutral erscheint.

Die Folgen des Putsches und der darauffolgenden Militäroperation seien an dieser Stelle nochmals komprimiert zusammengefasst, um die Ausgangslage des noch immer andauernden Status Quo im Überblick zu behalten.

a) Die Regierung Makarios' wurde abgesetzt und erst später wieder eingesetzt; Klerides fungierte als Übergangspräsident und leitete die Verhandlungen in Genf.

b) Die türkische Armee rückte in zwei Militäroperationen in Nordzypern vor und hält zum Schutz der türkischen Volksgruppe den Norden unter Kontrolle; die Grenzlinie (Attila-Line, bzw. in Nikosia Green Line) verläuft entlang der Städte Lefke-Nikosia-Varosha (Famagusta) in westöstlicher Richtung; die Pufferzone ist an manchen Stellen einige hundert Meter breit, in Nikosia und im einzigen gemischten Dorf Pile (griech. Pyla) nur wenige Meter.

c) Das unter türkischzyprischer Kontrolle stehende Gebiet macht 3.355 km² aus und wird heute von etwa 35.000 Soldaten bewacht; ein Bevölkerungsaustausch wird vertraglich vereinbart (s.u.).

d) Zwischen 3.000 und 6.000 Menschen verlieren insgesamt ihr Leben; ca. 155.000 Inselgriechen und etwa 45.000 – türken werden zu Binnenflüchtlingen; geschätzt 70 Prozent des Wirtschaftspotenzials liegen im nun türkischen Norden.

Damit sind binnen weniger Wochen völlig neue Voraussetzungen und Konstellationen geschaffen worden. Die Zyperntürken, deren Verwaltungsbereich sich bis zu diesem Zeitpunkt auf viele kleine Enklaven und Ghettos beschränkte, verfügten erstmals über ein zusammenhängendes Territorium, wo sie vor Anschlägen griechischer oder zyperngriechischer Aktivisten sicher waren. Aus türkischzyprischer Sicht ist durchaus nachvollziehbar, den Krieg 1974 als das Ende des eigentlichen Konfliktes anzusehen. Aber selbst die führenden Politiker sehen natürlich Handlungsbedarf zur Befriedung der gesamten Insel. Der Verlust der Touristenhochburgen bei Girne (Kyrenia) und Famagusta sowie des Wirtschaftspotentials des Nordens – all das ließ die Zyperngriechen von einer herben Niederlage sprechen. So ist auch deren Sichtweise, mit der Sommerkrise von 1974 habe der Zypern-Konflikt im Grunde erst begonnen, verständlich, zumal die Leiden der Inseltürken von der griechischen Seite ja überhaupt nicht oder nur marginal wahrgenommen wurden.

4. Zypern nach 1974

Die Entwicklungen des Sommers 1974 bedeuteten eine
Wende für Zypern und die Machtkonstellationen im östlichen Mittel-
meerraum. Putsch und Intervention, sowie der folgende Bevölkerungsaustausch formten ein neues demographisches Bild. Auch die
militärische Struktur wurde verändert. Waren in den sechziger und
frühen siebziger Jahren vor allem griechische Soldaten auf der Insel
stationiert, sind es nun türkische Militärs, die zum Schutz der Türken
Zyperns im Norden Sicherheitszonen bewachen. Zwei klar voneinander getrennte Gebiete haben bis heute für stabile Verhältnisse auf
der Insel gesorgt; ein Guerillakrieg wie 1955-59 und 1963/64 ist heute undenkbar.

Die griechischzyprische, von Athen gestützte Behauptung,
Nordzypern sei ein von türkischem Militär okkupierter Landesteil der
Republik Zypern, stimmt nur dann, wenn man die Sichtweise teilt,
Zypern sei eine allein von der Bevölkerungsmehrheit regierte Insel,
in der die zweite Volksgruppe einzig Minderheitenrechte besitze und
nicht Teil der Regierung war. Auch die Garantieverträge müssen
dann in der Argumentation ausgeblendet werden. Die Anwesenheit
des türkischen Militärs auf Zypern kann noch immer mit demselben
Anspruch von 1974 gerechtfertigt werden: Die Truppen kamen, um
die türkische Volksgruppe zu schützen und werden solange stationiert bleiben, bis eine einvernehmliche und dauerhafte Lösung gefunden worden ist. Eine Lösung kann aber nicht auf der absoluten
Vormachtstellung der Zyperngriechen basieren. Im Grunde hätte

diese Militäroperation bereits im Frühjahr 1964 stattfinden können. Tatsächlich muss man allerdings einräumen, dass das eigentliche Ziel der Truppen Ankaras oftmals nicht mehr erkannt wird, wenn selbst etliche Zyperntürken die Präsenz der türkischen Armee im eigenen Land als störend und teilweise einschüchternd empfinden. Seit der Öffnung der innerzyprischen Grenzen allerdings hat die öffentliche Sichtbarkeit der türkischen Truppen deutlich abgenommen. Straßenblockaden, Truppenbewegungen und ähnliches gehören heute der Vergangenheit an.

Die Ausgangslage nach der Teilung war für die herrschenden Zyperngriechen ungleich schwerer zu verkraften. Sie mussten rund 70 Prozent des Wirtschaftspotenzials aufgeben. Wie bereits an anderer Stelle angesprochen, musste die griechische Volksgruppe auf die Touristenzentren bei Girne und v.a. an der weiten Bucht von Famagusta verzichten, aber auch wichtige landwirtschaftliche Anbaugebiete, wie die Zitrusfruchtplantagen bei Güzelyurt (griech. Morphou) waren nicht mehr erreichbar; der internationale Flughafen von Nikosia war in Obhut der Vereinten Nationen, teilweise zerstört und konnte nicht mehr genutzt werden. Ein weiteres Problem für die griechischen Behörden war die Unterbringung der aus dem Norden übersiedelten Binnenflüchtlinge, die nach dem vertraglich geregelten Bevölkerungsaustausch untergebracht werden mussten. Viele Menschen konnten notdürftig in Zeltstädten und Containern unterkommen – eine Situation, die zehn Jahre zuvor ein Teil der zyperntürkischen Bevölkerung erleben musste. Vorwürfe gegen die Regierung der Restrepublik Zypern wurden laut, als viele Flüchtlinge in den

Übergangs- und Notquartieren belassen wurden, als längst Abhilfe vorhanden war. Dieses taktische Vorgehen hing mit der Hoffnung zusammen, so noch mehr internationale Aufbauhilfe zu erhalten.

„Von 1974-1978 wurden über die verschiedenen UN-Organisationen 40 Mio. Zyprische Pfund zur Verfügung gestellt. Der größte Teil dieser Summe wurde über den UNHCR (...) und das UNDP (...) nach Zypern geleitet."[95]

Mit diesen Geldern wusste die anerkannte Republik im Süden Zyperns gut umzugehen, denn im Gegensatz zu manchem Entwicklungsland wurde auf prunkvolle Verwaltungseinrichtungen verzichtet. Der Großteil der Aufbauhilfe kam auch tatsächlich der Bevölkerung (in Form von Wohnungen, ausgebauter Infrastruktur, etc.) zu Gute. Binnen weniger Jahre konnte die im Sommer und Herbst 1974 auf rund 30 Prozent empor geschnellte Arbeitslosenquote wieder auf drei Prozent gesenkt werden.[96]

Die Bevölkerung des griechischen Südzypern konnte sich nicht damit abfinden, dass die politische Teilung nun auch einen geographischen Niederschlag gefunden hatte, der die Bewegungsfreiheit einschränkte und unüberwindbare Grenzen zur Folge hatte. Die politische Führung besteht freilich bis heute auf dem Vorherrschaftsanspruch und die Rückgabe aller Dörfer im Norden der Insel.

---

[95] Wille Klawe, Zypern – Ein Reisebuch, S. 31. 40 Mio. Pfund entsprach damals etwa 75 Millionen Euro.

[96] Angabe bezieht sich auf das Jahr 1977.

Sie ist dabei nicht bereit, die Selbstständigkeit der Inseltürken anzuerkennen und betrachtet sich als alleiniges Opfer der Entwicklungen aus dem Jahre 1974.

Kommentar
„Was haben wir erreicht?"

„Was haben erreicht?", fragte mich vor einigen Jahren ein Zyperngrieche, der in der Nähe von Larnaka ein florierendes Gartenlokal errichtet hatte und nebenan eine Spielhölle einzurichten begann. Er gab selbst die Antwort: „Wir haben unsere Insel an die Türkei verloren. Griechenland ist frei von seiner Junta. Wir aber sind die Sklaven Ankaras geworden." Dies erzählte er mit einer Selbstverständlichkeit, die mich hellhörig machte. Die politischen Kampagnen wider des Vergessens sind allgegenwärtig. Der Lokalbesitzer, er kennt den Norden seit 1974 nicht mehr, blickte zum Himmel und deutete auf die Sterne: „Die sind näher für mich als meine Heimat, die ist aber in meinem Herzen." Später erfuhr ich, dass sein Dorf im Süden Zyperns liegt, er aber trotzdem den Norden zu seiner Heimat rechnete. Ich wurde den Eindruck nicht los – und werde das noch immer nicht – dass die traumatischen Ereignisse von 1974 die Zyperngriechen sehr anfällig für politische Propaganda gemacht haben. Einiges konnte hier verbessert werden, seit die Grenzen im Frühjahr 2003 geöffnet wurden und Griechen wie Türken nun die jeweils andere Seite besuchen können. Zuletzt sorgten hier aber Schikanen für Aufsehen, die einer Annäherung zuwiderlaufen. So gab es im Sommer 2018 politischen Protest im Norden, dass es Inselgriechen verboten werden sollte, im Norden Benzin zu tanken (angeblich wegen der minderen Qualität). Schon zuvor hatte einmal die Regierung im Norden die Einfuhr von IKEA-Möbeln aus dem Süden mit Strafzöllen belegt um die heimische Wirtschaft zu stärken. Die Öffnung trug zu einem wirtschaftlichen Interessenausgleich beider Seiten bei, was allerdings vor allem bei der griechischzyprischen Regierung oftmals dazu führt, dass sie schleichende eine Anerkennung des Nordens fürchtet und meint diese bekämpfen zu müssen.

Die Wirtschaft in der griechischen Republik Zypern

Jährlich besuchen über zweieinhalb Millionen Auslandsgäste den Inselsüden, der sich zu einem der bedeutendsten Touristenzentren im östlichen Mittelmeer entwickelt hat. Bereits 1998 lag das Prokopfeinkommen bei durchschnittlich 11.920 US-Dollar[97] und damit um ein Vielfaches über dem türkischzyprischen mit rund 4.000 US-Dollar und sogar leicht über dem BIP/Person Griechenlands und Portugals. Mit zahlreichen Projekten konnte auch die Landwirtschaft wieder angekurbelt werden. Neben dem Tourismus aber spielte lange Zeit auch das Banken- und das so genannte Off-Shore-Business eine wichtige Rolle. Erst die Bankenkrise im Jahr 2011 brachte die Wlrtschaft wieder ins Wanken und bedrohte den Wohlstand in gefährlicher Art und Weise. Nachdem die Krise mit Hilfe der EU überwunden werden konnte, schien sich der Finanzplatz Zypern wieder zu erholen. Allerdings berichtet z.B. *Das Handelsblatt* am 28. April 2018, dass erneut Kreditinstitute in Schwierigkeit stecken und Gelder von der Insel abflössen. Der Norden war von der Bankenkrise nicht direkt betroffen.

Mit den Touristen, so hoffte man in Nikosia einst nach der Teilung, würden Devisen ins Land fließen, die dem Aufbau wichtige Impulse verleihen konnten. Um aber Gäste auf die Insel zu locken, musste der Flughafen in Nikosia wieder eröffnet werden. Die Zyperngriechen verließen sich jedoch nicht auf Verhandlungen mit den Vereinten Nationen und den Inseltürken, sondern errichteten auf ei-

---

[97] Fischer Weltalmanach 2001, Spalte 861.

ner Landzunge in der Bucht von Larnaka einen neuen Airport, der Anfang der neunziger Jahre durch einen weiteren Flughafen nahe der Stadt Paphos an der Südküste ergänzt wurde. Im Jahr 2016 nutzten rund 6,6 Millionen Passagiere den Flughafen Larnaka. Bis in die neunziger Jahre konnte sich die staatliche inselgriechische Fluglinie *Cyprus Airways* über teilweise zweistellige Zuwachsraten freuen. 2015 musste die Fluggesellschaft ihren Betrieb einstellen, weil Staatshilfen aus dem Jahr 2007 für rechtswidrig erklärt worden und zurückgezahlt werden sollten. Heute gibt es im Süden mit *Cobalt Air* wieder eine eigene Fluglinie, die Ziele innerhalb der EU und des Nahen Ostens bedient.

Kurz zum Vergleich: In Nordzypern entstand bei Nikosia ebenso ein neuer Flughafen, der aber bis heute ausschließlich Flugverkehr in die Türkei abwickeln darf, weil Nordzypern aufgrund des Wirtschaftsembargos nicht direkt angeflogen werden kann. In Ercan wurden im Jahr 2017 etwa vier Millionen Passagiere abgefertigt.[98] Auch die inseltürkische Fluglinie *Cyprus Turkish Airlines* musste ihren Dienst aufgrund von mangelnder Rentabilität einstellen. Seit 2010 fliegen ausschließlich türkische Airlines in den Norden.

Im Jahre 1960 besuchten etwas weniger als 17.000 Gäste (hauptsächlich britische Erholungssuchende) Zypern, 1974 waren es bereits knapp 134.300, obwohl die Hauptsaison durch den Krieg mehr oder weniger ausblieb. Die Zuwächse im Tourismusgeschäft konnten dann kontinuierlich auf etwa 1.500.000 Urlauber im Jahr

---

[98] Cyprus Mail , 16.3.2018

1990 und weiter bis über 2.400.000 im Sommer 2000 gesteigert werden. Im Jahr 2016 waren es dann bereits etwas über drei Millionen Gäste. Rund 1,5 Milliarden Euro konnten so im Jahr 2000 eingenommen werden, was nicht ganz einem Viertel des gesamten BIP entsprach. Heute macht der Dienstleistungssektor etwa 73 Prozent des BIP aus, ein im europäischen Vergleich hoher Anteil.[99] Mit dem Boom im Tourismus hängt auch ein zeitweiliger Anstieg in der Baubranche zusammen, der aber seit einer gewissen Sättigung Mitte der neunziger Jahre abgeflaut ist. Ende der achtziger Jahre fanden gar Türken aus dem Norden Zyperns, geduldet von den Behörden der Griechenrepublik, Arbeit auf den Baustellen des Südens.[100] Auch die Agrarwirtschaft erfuhr durch den ansteigenden Tourismus eine Belebung, so mussten jährlich mehr Gäste mit landwirtschaftlichen Produkten versorgt werden. Der Export an Agrarprodukten brauchte gleichzeitig aber nicht zurückgefahren werden, denn moderne Bewässerungsmethoden halfen, den Anbau zu verbessern.

Kommentar
Wasserknappheit ein Problem der Zukunft

Das Grün der Golfplätze ist wunderschön anzusehen; die Gäste aus Westeuropa freuen sich über die begrünten Hotelanlagen. Und sie verbrauchen durchschnittlich am Tag das Vierfache dessen, was die Einheimischen an Wasser zur Verfügung haben. Wasser ist knapp auf Zypern. Die langen und trockenen Sommer haben zusätzlich dazu beigetragen. Schuld aber ist in erster Linie der in den achtziger und frühen neunziger Jahren betriebene Raubbau an der Landschaft

---

[99] Fischer Weltalmanach 2001, Spalte 862. Vgl. BRD 66 Prozent, Griechenland 68 Prozent, Türkei 57 Prozent und Großbritannien 69 Prozent.

[100] Seit Öffnung der Grenzen arbeiten nun offiziell zahlreiche Zyperntürken auf der anderen Seite.

im Süden: Immer mehr Hotels schossen aus dem Boden, immer schönere Grünanlagen und Golfplätze umrahmten sie. Das ging zu Lasten des Wasserhaushalts. In der Hauptstadt Nikosia ist das Wasser an manchen Sommertagen rationiert, Blumengießen wird zu manchen Zeiten mit Bußgeld belegt.

Im Norden Zyperns sieht es nicht viel besser aus. Auch hier sind viele Wasserreservoirs mittlerweile am Austrocknen. Doch gibt es keinen exzessiven Tourismus und der Raubbau an der Natur ist etwas geringer – was zugegebener Maßen nicht am ausgeprägten ökologischen Bewusstsein der Zyperntürken liegt, sondern an den ausbleibenden Urlaubern. Die Zusammenarbeit mit der Türkei hat jedoch ein Projekt ins Leben gerufen, das eine neue Süßwasserquelle erschließt: Wasser aus der Türkei! Per Stoffballon sollten schon einmal in den 1990er Jahren unzählige Kubikmeter Wasser das Mittelmeer zwischen türkischer Ägäisküste und Nordzypern überqueren. Das Programm lohnte aber scheinbar nicht. Weitere Erfolgsmeldungen in den Medien blieben aus. Und auch der großzügige Verkauf von Frischwasser an den griechischen Nachbarn im Süden blieb wohl eher eine theoretische Angelegenheit. Fortan plante man den Bau einer Wasserpipeline durch das Mittelmeer. Das Millionenprojekt hilft Nordzypern nun von Wassersorgen zu befreien. Seit Herbst 2015 fließt nun das Wasser durch rund 80 Kilometer lange Rohre in den Norden Zyperns.

Der Ausbildungsgrad im Süden Zyperns ist hoch, die Anzahl der Akademiker liegt über dem europäischen Schnitt. Jedoch gab und gibt es noch immer viel zu wenig Arbeitsplätze für diese Gruppe. Viele verdingen sich noch immer im familieneigenen Restaurant als Kellner, Koch oder Geschäftsführer, fahren Taxi oder bedienen Urlaubsgäste an Hotelrezeptionen. Der Tourismus hat nicht nur wegen seines Raubbaus an der Natur (Wassermangel s.o.) Nachteile. Auf Südzypern hat mancherorts der Massentourismus eingesetzt. Der Name „Mallorca des östlichen Mittelmeers" ist nicht übertrieben. Die Strände rund um Limassol, Paphos und das Fischerdorf Ayia Napa, aber auch die kleineren Zentren bei Paralymni und mittlerweile auch auf der Akamas-Halbinsel im Westen leiden teilweise stark unter den Auswüchsen des Tourismus. Oftmals ist die eigenständige zyprische Kultur nicht mehr auszumachen, Geschäftemacher und Prostituierte aus Russland bestimmen gelegentlich das Bild mancher Viertel.

Die Russen haben Zypern früh entdeckt. Die enge Bindung an die UdSSR zu Zeiten Makarios konnte wiederbelebt werden, als Russlands Neureiche ihre Dollarmillionen anlegten und außer Landes schaffen wollten – die russische Inflation versprach wenig Gewinne. Auf Zypern, einem Steuerparadies, entstanden Briefkastenfirmen wie nirgends sonst in Europa und die Regierung in Nikosia sieht sich immer wieder mit dem Vorwurf konfrontiert ein Paradies für Geldwäscher zu sein. Zudem offeriert die Regierung Anlegern die Staatsbürgerschaft, wenn das Investment hoch genug ist. Dies hat seit dem EU-Beitritt zusätzliche Wirkung gezeigt. Wie viele Russen genau im Süden Zyperns leben, ist ungewiss, die russische Gemeinde in Limassol alleine wird auf mehrere zehntausend Menschen geschätzt. Schon heute dürfte Russisch neben Englisch die wichtigste Fremdsprache im Inselsüden sein.

Tatsächlich ist es für viele Touristen wenig erbaulich, Speisekarten auf deutsch oder kyrillisch vorgelegt zu bekommen und „deutschen Filterkaffee" bzw. russischen Wodka darauf zu finden.

Ein ganz anderer Faktor der zyperngriechischen Wirtschaft, der nur recht selten erwähnt wird, ist die Schifffahrt und mit ihr eng verbunden die Petroindustrie (vor allem in der Umgebung von Larnaka). Südzypern hat sich im Laufe der Jahre, was die Tanker- und Frachterschifffahrt anbelangt, einen Namen gemacht – und nicht nur dann, wenn es Unfallmeldungen gibt, wie es Ende März 2001 der Fall war, als ein zyperngriechischer Zuckerfrachter vor der dänischen Küste einen baltischen Tanker rammte und so eine Ölkatastrophe verursachte. Im Jahr 1996 brachte es die Republik Zypern auf 23,3 Millionen Bruttoregistertonnen und wurde so nur noch von den anderen Billigflaggen Panamas (64,2 Mio. BRT), Liberia (57,6 Mio. BRT) und den Festlandsgriechen mit 30,2 Millionen Bruttoregistertonnen übertroffen. Mit 1.468 unter zyperngriechischer Flagge fahrenden Handelsschiffen lag Zypern 1996 sogar weltweit auf Platz drei. Im Jahr 2013 lag die Flottenstärke bei 1.769 und 22,7 BRT. Die Bedeutun der Schifffahrt für Zyperns Wirtschaft ist damit spürbar zurückgegangen. Heute ist der Inselsüden aus den „Top 10" der Schifffahrtsnationen ausgeschieden. Direkt mit der Handelsschifffahrt verbunden ist die Petroindustrie. Viele namhafte Ölfirmen haben die Insel als einen wichtigen Umschlagplatz zwischen dem Persischen Golf und Europa ausgemacht. So waren bereits im Jahre 1986 etwa 2.700 Menschen in Öl verarbeitenden Betrieben beschäftigt, heute sind es weit mehr. In den letzten Jahren hat sich die Ausbeutung von vermuteten Erdgasfeldern vor der Insel zu einem der wichtigsten Streitpunkte auf dem Weg zu einer Einigung entpuppt. Während die Zyperntürken unmissverständlich klar machten, dass eine Exploration nur durch beide Volksgruppen gleichermaßen möglich sei, sieht der Inselsüden keine Veranlassung den Norden an der Ausbeutung und Entdeckung möglicher Erdgasfelder zu beteiligen. Hier kam es bereits mehrfach zu Konfrontationen. Die Türkei schickte Erprobungsschiffe in internationale Gewässer und protestierte scharf gegen die Vergabe von Bohrungsaufträgen an international tätige Erdöl-Förderer.

Verhandlungen im Zeitraum von 1974 und 1983

Recht rasch nach Beendigung der Kampfhandlungen trafen Denktaş und Klerides mehrere Male zusammen. In erster Linie ging es bei den Treffen um die Erörterung des Flüchtlingsproblems. Im Vordergrund stand ein Abkommen zum geordneten Bevölkerungsaustausch. Bereits am 13. September 1974 wurde ein Konsens gefunden, die Gefangenen an der Grenze auszutauschen. Der Austausch betraf in erster Linie Kranke, Ältere sowie Lehrer und Studenten. Insgesamt kamen rund 3.300 Inseltürken und 2.480 –griechen frei. Sie wurden unter Aufsicht des Roten Kreuzes an die jeweils andere Seite übergeben. Im November 1974 verabschiedeten die Vereinten Nationen eine neue Resolution bezüglich des Konflikts. In Resolution 3212 (XXIX) wird erneut dazu aufgerufen, die Souveränität der Republik Zypern anzuerkennen und fremde Truppen von der Insel abzuziehen. Ferner wurden alle Parteien durch die UNO aufgefordert, sich an einen Tisch zu setzen, um auf dem Verhandlungswege eine Lösung zu finden. Ankara konnte die Resolution so aber nicht anerkennen, basierte sie doch auf dem seit 1964 kontinuierlich begangenen Irrtum, die griechische Seite stelle die legitime Regierung des gesamten Staates auf Zypern dar. Traf dies schon in der

Zeit zwischen 1964 und der geographischen Zweiteilung nicht für die administrativen Bereiche der Zyperntürken zu[101], so konnte die Regierung Restzyperns nun folglich erst recht nicht als legale Gesamtregierung anerkannt werden. Die deutliche Parteinahme für griechischzyprische Interessen durch die UNO seit 1964 lässt die Vereinten Nationen bei den Zyperntürken als unglaubwürdig erscheinen. Sie forderten seitdem immer wieder die Aufarbeitung der Ereignisse aus den Jahren 1963-64 und die Beleuchtung des Akritas-Plans um so eine andere Geschichtsschreibung des Zypern-Konflikts zu erreichen.

Am 7. Dezember 1974 kehrte Erzbischof Makarios auf die Insel zurück und nahm seinen Platz im Präsidentenpalast wieder ein. Bei den Gesprächen zwischen Klerides und seinem türkischzyprischen Gegenüber kristallisierte sich bereits eines deutlich heraus: Die Zyperntürken würden sich nur mit einer konföderalen Lösung abfinden, die ihnen weitreichende Souveränität zusichern würde. Dies war Ausdruck des neu entstandenen Sicherheitsbedürfnis der Zyperntürken, die ohne den Eingriff der türkischen Truppen ihre Heimat verloren hätte oder wenigstens aller politischer Einflussnahme beraubt worden wäre. Eine Art Bundesrepublik mit zwei Kantonen und einer starken Zentralregierung lehnte Rauf Denktaş mit Verweis auf die Sicherheitslage und das Hegemoniestreben der Griechen zu diesem Zeitpunkt noch kategorisch ab. Klerides erklärte, noch bevor Makarios zurückkehrte, er sehe in einer recht losen

---

[101] Auf die Gebiete der Zyperntürken (Enklaven und Ghettos) hatten die Regierungsbehörden der Rumpfrepublik nur eingeschränkt Einfluss und Zugang.

Föderation zweier Teilstaaten die einzig realisierbare Chance für Frieden und Freiheit auf der Insel. Aber Klerides galt zu dieser Zeit sicher nicht als Hardliner. Und so machte Makarios seinerseits aber rasch deutlich, dass er den Kurs Klerides´ keinesfalls fortzuführen gedenke. Für den Erzbischof gab es noch immer Hoffnungen zur hegemonialen Herrschaft über die gesamte Insel zurückzukehren. Er wollte Zypern nicht geteilt. Weder sollte es eine geographische Teilung geben, noch sollte die Macht zwischen den Volksgruppen geteilt werden müssen.

Der Empfang in Washington zu Beginn der Zypernkrise machte deutlich, was man in den Vereinigten Staaten von der Person Makarios hielt. Und so sah sich Makarios gezwungen, den Türken Verhandlungen anzubieten, die nach Suzan Tatlı aber problematisch würden:

„Den innerzypriotischen Verhandlungen standen vier grundlegende Schwierigkeiten gegenüber. Zum ersten war das tief verwurzelte Misstrauen zwischen beiden Volksgruppen, das die Kompromissbereitschaft der beiden Volksgruppenvertreter hemmte, schwer zu überwinden. Die zweite grundlegende Schwierigkeit lag schon in der Zielsetzung der beiden Volksgemeinschaften. Die türkische Seite trat für eine bi-zonale Bundesrepublik mit schwacher Zentralregierung ein, während die griechische Seite einer bi-regionalen Bundesrepublik mit einer starken Bundesregierung den Vorzug gab."[102]

102 Suzan Tatli, Der Zypern-Konflikt, S. 148.

Genau diese unterschiedlichen Ansichten verhindern bis heute eine für alle Parteien annehmbare Lösung des Zypern-Konflikts. Erst am 14. Januar 1975 wurden nach Abschluss des Bevölkerungsaustauschs die Gespräche wieder aufgenommen. Zwar kam es zu keinen nennenswerten Ergebnissen, es sei denn man wertet die schlichte Bestandsaufnahme der Differenzen schon als Erfolg, dennoch kann es bereits als ein gewisser Fortschritt ausgelegt werden, dass die Zyperntürken und –griechen sich wieder an einen Tisch setzten.

Im Zeitraum bis 1977 kam es zu sechs Verhandlungsrunden zwischen Makarios und Rauf Denktaş. Schwierig erwies sich bereits die Frage, wo verhandelt werden sollte, da der Zyperntürke sowohl New York als auch Genf wegen der dortigen Missionen der Restrepublik Zypern ablehnte. Der ersten stattfindenden Gesprächsrunde – in Wien – ging eine grundlegende Veränderung im türkischen Norden Zyperns voraus:

„Am 13. Februar 1975 riefen der Ministerrat und die gesetzgebende Versammlung der ‚autonomen türkisch-zypriotischen Regierung' die Gründung des ‚türkisch föderierten Staates von Zypern' aus."[103]

Durch die Proklamation des *Turkish Federated State of Cyprus* (TFSC) hatte die türkische Seite vollendete Tatsachen geschaf-

---

[103] Bayerische Landeszentrale für Politische Bildung, Zypern – Macht oder Land teilen, S. 74.

fen um den Willen zur politischen Selbstständigkeit unter Beweis zu stellen. Man machte auf inseltürkischer Seite mit diesem Schritt aber auch eines deutlich: Sollten Verhandlungen scheitern und die größtmögliche Autonomie und Sicherheit für die Zyperntürken nicht durchsetzbar sein, würde man sich entschließen, einen souveränen eigenen Staat im Norden zu proklamieren. Bereits während der Wiener Verhandlungen über die Zukunft der geteilten Insel fand in Nordzypern ein Referendum über die Annahme einer eigenen Verfassung des TFSC statt. Mit einer überklaren Mehrheit von 99,4 Prozent stimmte die zyperntürkische Bevölkerung für die symbolische Unabhängigkeit von der Rumpfrepublik durch die Annahme einer eigenen Konstitution, die über die administrativen Regelwerke, die bereits seit den sechziger Jahren existierten, weit hinaus ging. Im Juni 1976 wurde Rauf Denktaş zum Präsidenten des zyperntürkischen Teilstaates gewählt.

Bereits im Mai 1975 trafen Denktaş und Makarios´ Unterhändler Klerides zu Gesprächen zusammen. Die erste Runde der Verhandlungen stand ganz im Zeichen der Lösungsfindung dringender, alltäglicher Probleme. Die beiden Politiker sprachen vor allem über die Vermisstenfrage, die schlussendlich bis heute nicht zur Zufriedenheit geregelt werden konnte. Auch die Flüchtlingsfrage kam auf den Tisch. Einigungen wurden nicht erzielt – weder zu diesem noch zu einem anderen Zeitpunkt. Bei der dritten Gesprächsrunde (31. Juli bis 2. August, Wien) ging Klerides in die Offensive und forderte eine klare Stellungnahme der türkischen Seite zu den wichtigsten anstehenden Themen. Ansonsten sehe er keinen Sinn in der

Fortsetzung der interkommunalen Gespräche. Denktaş zeigte sich daraufhin in einem Punkt entgegenkommend: Rund 800 Inselgriechen, die im Süden lebten, durften in den türkischen Norden reisen, um dort zu ihren Familien zurückzukehren. Den noch etwa 10.000 im Norden verbliebenen Inselgriechen wurde freigestellt, in den Süden umzusiedeln.[104] Ein weiterer Punkt, der in Wien geregelt wurde, war die Ausreisebewilligung der Inselgriechen für zyperntürkische Familien. Makarios hatte etwas 9.000 Inseltürken als eine Art „Faustpfand" daran gehindert, in den nun türkischen Norden auszuwandern. Viele dieser Zyperntürken bezeichneten sich damals selbst als „Gefangene Makarios'". Der Bevölkerungsaustausch fand unter Aufsicht der UNO statt und wurde vertraglich geregelt. Des weiteren begannen Verhandlungen über eine mögliche gemeinsame Verfassung einer Bundesrepublik Zypern. Allerdings scheiterte man unter anderem an der Frage der Gewichtung der Zentralregierung. Denktaş vertrat die Ansicht, für seine zyperntürkische Volksgruppe käme nur eine sehr schwache Zentralregierung in Frage um die Basis des gleichberechtigten Partners innerhalb der bundesrepublikanischen Verfassung zum Tragen zu bringen und die Rückkehr zu der Situation von nach 1963 definitiv zu verhindern. Klerides, der von Athen und Makarios die Anweisung hatte, einen Status zu verhindern, der

---

104 Heute leben etwa rund 500 Zyperngriechen im Norden Zyperns, vor allem auf der Karpaz-Halbinsel nahe der Stadt Dipkarpaz. Seit einigen Jahren leben fast ausschließlich ältere Inselgriechen im Norden. Die Versorgung wird durch die UN sichergestellt, obgleich die Griechen im Norden alles erwerben könnten. Dies sorgte 2017 für Aufsehen, als die Regierung Nordzyperns Zoll auf die Hilfsgüter einführte. Sie wollte nicht länger hinnehmen, dass die „Eingeschlossenen" als propagandistischer Faustpfand des Südens benutzt würden. Die Nachfolgeregierung schaffte diese Zollgebühren auf die Hilfslieferungen wieder ab.

die türkische Volksgruppe erneut zu gleichgestellten Partnern machen würde, wollte gerade dies partout verhindern. Im September 1975 traf man sich dann in New York um UN-Generalsekretär Kurt Waldheim von den jeweiligen Positionen zu unterrichten. Die vorerst letzte Verhandlungsrunde unter der Leitung des späteren UN-Generalsekretärs und damaligen Sonderbeauftragten Javier Perez de Quellar fand im Februar 1976 statt. Schwerpunkt der Gespräche war erneut die zukünftige verfassungsrechtliche Ordnung einer Bundesrepublik Zypern. Klerides, innenpolitisch unter Druck, schlug vor, beide Seiten sollten bis zum 3. April Vorschläge unterbreiten, auf die die Gegenseite binnen zehn Tagen reagieren sollte. Er selbst wollte mit Vorschlägen zur Neugliederung des Territoriums einen Anfang machen. Seine Vorschläge waren jedoch weder mit Makarios noch mit Athen koordiniert worden, was zur Folge hatte, dass Klerides am 7. April 1976 von seinen Ämtern zurücktreten musste. Nur auf Drängen seiner eigenen Partei blieb er Vorsitzender des zyperngriechischen Abgeordnetenhauses. Makarios gedachte zu folgenden Zusammenkünften nurmehr einen Unterhändler, Tassos Papadopoulos[105], zu entsenden. Denktaş sah sein Amt dadurch beschädigt und entsandte seinerseits ebenfalls nur mehr einen Abgesandten des TFSC, Ümit Süleyman Onan. Bis 1977 konnten beide jedoch keine nennenswerten Ergebnisse erzielen. Erst zum Jahresende 1976 kam wieder etwas Bewegung in die Gespräche, als Denktaş mitteilte, er wünsche das direkte Gespräch mit Makarios. Dies galt als be-

---

[105] Papadopoulos war von 2003 bis 2008 selbst Präsident des Inselsüdens. Er verfehlte 2008 die Wiederwahl nur knapp. In seine Zeit fiel die EU-Aufnahme Südzyperns (s.u.) Papadopoulos verstarb Ende 2008.

sonders erfreulich, da die beiden Volksgruppenführer seit den Kriegswirren von 1963/64 nicht mehr zusammengetroffen waren. Am 27. Januar 1977 kamen der Präsident des TFSC und sein zyperngriechischer Amtskollege Makarios in Nikosia zusammen. Rauf Denktaş war bereit, territoriale Zugeständnisse zu machen und versprach etwa sechs Prozent des Territoriums des TFSC an die griechische Seite zu übergeben, sollte es zu einer annehmbaren Lösung kommen. Beide verfassten während dieses „geschichtsträchtigen" Zusammenkommens die sogenannten Makarios-Denktaş-Leitlinien, die als Grundsatz jeder weiteren Lösung dienten und im Grunde bis heute noch gültig sind.[106] Der Wortlaut wurde hier Uwe Berners Arbeit entnommen:

„1. Wir streben eine unabhängige, bündnisfreie Bundesrepublik zweier Volksgruppen an. 2. Die Festlegung des Gebiets unter der Verwaltung jeder der beiden Gemeinschaften soll unter Berücksichtigung der wirtschaftlichen Überlebensfähigkeit oder der Produktivität und des Grundbesitzes erfolgen. 3. Grundsatzfragen wie die der Freizügigkeit, der Niederlassungsfreiheit und andere spezielle Fragen, stehen zur Diskussion offen. Dabei sollen die föderative Grundstruktur und gewisse Schwierigkeiten in Betracht gezogen werden, die sich für die zyperntürkische Gemeinschaft ergeben können. 4. Die Vollmachten und Funktionen der zentralen Bundesre-

---

[106] Erst das Scheitern der letzten Verhandlungsrunde im Herbst 2017 ließ die türkische Seite erklären, dass nun endgültig ein neuer Modus gefunden werden müsste und damit auch diese Leitlinien nicht mehr automatisch Grundlage der Gespräche sein müssten.

gierung werden so gewählt, dass sie die Einheit des Landes gewährleisten und dabei den Charakter des Staates als den zweier Volksgruppen in Betracht ziehen."[107]

Tatsächlich aber ließen diese Ausführungen den jeweiligen inselgriechischen Regierungs- und Staatschefs immer großen Spielraum, um so eine einvernehmliche Lösung mit dem Volksgruppenführer der Zyperntürken Denktaş zu verhindern. Diese Position blieb bis heute unverändert - auch wenn sich die Personen verändert haben.

Der plötzliche Tod Makarios am 3. August 1977 setzte den Bemühungen der beiden Politiker für Entspannung zu sorgen jedoch ein jähes Ende. Makarios' Nachfolger wurde der damals 49-jährige Vorsitzende der Demokratischen Partei (DIKO), Spyros Kyprianou. Er trat ein schweres Erbe an, denn Makarios mochte zwar durch seine Machtpolitik viele Fehler begangen haben und im Grunde wie eine Art klerikaler Diktator die demokratischen Grundregeln der Partnerschaftsrepublik für seine Vorhaben – ENOSIS und Hegemonie – missverstanden haben, er vermochte jedoch das zyperngriechische Volk zu einen. Dies gelang Kyprianou nicht. Weichen, eine Bundesrepublik Zypern nach den Maßgaben der Richtlinien von 1977 zu installieren, konnten bis 1979 nicht gestellt werden. Kyprianou verweigerte den Zyperntürken den Status als gleichberechtigte Volksgruppe gänzlich und lehnte so Gespräche mit dem TFSC-Prä-

---

[107] Uwe Berner, Das vergessene Volk, S. 369.

sidenten Denktaş strikt ab. Erst im Mai 1979 traf man erneut zusammen um auf der Basis der Denktaş–Makarios-Leitlinien weiter voranzukommen. Ergebnis dieses Treffens war ein Zehn-Punkte-Abkommen mit folgenden Schwerpunkten:

a) Die Leitlinien von 1977 sind Grundlage aller folgenden Verhandlungen;

b) die Menschen- und Grundrechte der Bürger werden respektiert;

c) Themenschwerpunkte sind Verfassungsfragen und die Neugliederung des Territoriums;

d) die Wiederbesiedelung von Varosha hat Priorität;

e) jegliche Maßnahmen, die den guten Willen gefährden, werden unterlassen;[108]

f) eine Demilitarisierung ganz Zyperns wird angestrebt;

g) eine Bundesrepublik Zypern ist vor ENOSIS und der Teilung in zwei unabhängige Staaten zu bewahren;

h) jede Verzögerung der Gespräche ist zu vermeiden;

i) alle Verhandlungen finden in Nikosia statt;

j) die Gespräche werden am 15. Juni 1979 fortgesetzt.

Eine Lösung konnte bis auf weiteres nicht gefunden werden und der UN-Generalsekretär machte die türkische Seite für das Scheitern der Verhandlungen hauptverantwortlich, weil sie alleine einer konföderativen Lösung zustimmen wollte. Dies aber konnten

---

[108] Dieser Punkt wurde oftmals außer Acht gelassen.

die Regierungsträger der *Regierung Zyperns*, wie sich die Machthaber der griechischen Seite bezeichnen, nicht akzeptieren. Dass aber
für die türkischen Zyprer eine Rückkehr zu einem Gemeinschafts-
wesen nicht möglich war, ohne auf gewisse Sicherheiten zu bestehen, war im Grunde auch dem Generalsekretär bewusst. Doch die
einseitige Politik der UNO ließ wohl keine andere Schlussfolgerung
zu, als Rauf Denktaş für das Scheitern verantwortlich zu machen.

1983 – Jahr der Proklamation der TRNC

Am 13. Februar 1983 setzte sich Kyprianou gegen seine
Konkurrenten Klerides und den Chef der sozialistischen EDEK, Vassos Lyssardides, durch und trat seine zweite Amtszeit an. Im Mai
erließ der Weltsicherheitsrat eine neue Zypern-Resolution (37/253),
in der erneut der Rückzug aller fremden Truppen als Grundlage für
eine Lösung gefordert wird. Einige Drittweltstaaten verweigerten die
Unterschrift unter die Resolution, da sie in ihren Augen einseitig ver-
fasst war. Neben der Gegenstimme der Türkei gab es Enthaltungen
aus Bangladesh, Malaysia, Pakistan und Somalia. Für die Zyperntürken kam eine Umsetzung dieser Forderung nicht in Frage, zumal
die Vereinten Nationen hier griechische Vorstellungen übernommen
hatten ohne den türkischen Standpunkt zu beachten. Würde Ankara
seine Truppen *vor* einer gefundenen Lösung abziehen – und das
wussten die Vereinten Nationen sehr gut – war ein Ziel der griechischen Zyprer erreicht, die folglich alles daran setzten konnte, erfolgreich die Hegemonie über die gesamte Insel wieder herzustellen.
Dies aber hätte für die Zyperntürken bedeutet, als Minderheit im ei-

genen Land ein Dasein zu fristen, das ihnen aus der näheren Vergangenheit noch in leidvoller Erinnerung war und das die Verfassung von 1960 so nicht vorgesehen hatte.

„Ankara schoss zurück mit der Feststellung, dass diese Resolution weder rechtlich noch politisch gültig sei. Denktasch bezeichnete sie als ‚Aggression gegen die türkische Volksgruppe', kündigte seine weitere Teilnahme an Volksgruppengesprächen auf, drohte mit der Proklamation eines unabhängigen Staates in Nordzypern."[109]

Die UNO-Resolution stellte zusammen mit der inselgriechischen Propaganda eine Verletzung des Punktes „e"[110] des 10-Punkte-Abkommens von 1979 dar. Rauf Denktaş erklärte, dass die griechische Volksgruppe immer noch nicht verstanden habe, bzw. einsehen wolle, dass die türkische Gesellschaft ein gleichberechtigter Partner sei und dass die Inselgriechen noch immer versuchten, durch Internationalisierung des Konflikts eine für sie vorteilhafte Lösung durchzusetzen.

Kommentar
Internationalisierung – ein Problem für die Zyperntürken

Seit Beginn der Zypernkrisen, also bereits mit dem Versuch des Erzbischofs in den 1950er Jahren die „Zypernfrage" vor den Weltsicherheitsrat zu bringen, wird von der griechischen Seite der Versuch

---

[109] Heinz A. Richter, Friede in der Ägäis, S. 62. Rauf Denktas drohte dabei mit der Umwandlung des TFSC in eine selbstständige Republik.

[110] Nach Zählung der vorliegenden Arbeit.

unternommen, das Problem vor einem internationalen Gremium zur Sprache zu bringen. Die Türken stehen auf dem Standpunkt, dass die Zypernfrage eine Angelegenheit zwischen Türken und Griechen auf der Insel ist. Sie haben keine Möglichkeit, ihren Standpunkt international kund zu tun. Ihnen wurden weltweit fast alle Plattformen genommen, sich zu artikulieren. Seit den 1960er Jahren haben die Inselgriechen ein Netzwerk ihrer Diplomaten weltweit installiert, das den griechischzyprischen Standpunkt als den eines Opfers darzustellen vermag. Damit gelang es, die zyperngriechische Sichtweise als die „korrekte" und „wahre" darzustellen. Den Türken Zyperns muss also daran gelegen sein, die Weltöffentlichkeit aus ihrer Sicht zu informieren. Die EU-Aufnahme des griechischen Teils vor einer Lösung der Zypernfrage war hier für die türkische Seite von großem Nachteil. TRNC-Staatschef Denktaş erklärte dem Autor der vorliegenden Arbeit in einem persönlichen Gespräch einmal: Die türkischen Zyprer verfolgten eine aufrechte Sache, seien aber schlechte Propagandisten, denen auf der großen Welt niemand zuhöre.

Am 17. Mai 1983 trat Rauf Denktaş vor die Presse und erklärte, dass es wohl erst dann zur Installation einer Bundesrepublik Zypern mit gerechter Aufgabenverteilung kommen werde, wenn die türkische Seite den griechischen Politikern im Süden Zyperns zeigen würde, dass sie mit allen politischen Mitteln um die Gleichberechtigung kämpfen würde. Dazu sei es notwendig, einen Gegenpol zur Republik Zypern zu schaffen. Dies deutete bereits auf eine Umwandlung des TFSC in eine eigenständige Republik hin. Denktaş selbst wusste, dass der neue Staat wohl wenig internationale Anerkennung finden würde, hoffte aber auf die symbolhafte Wirkung. Er pochte wie das Parlament des TFSC auf die Selbstbestimmung der Inseltürken, so wie sie im Rahmen der Verfassung von 1960 vorgesehen war. Am 17. Juni 1983 beschloss das Parlament des TFSC eine Resolution, in der das zyperntürkische Recht auf Selbstbestimmung noch einmal deutlich unterstrichen werden sollte. Diese Resolution markierte den ersten Schritt hin zu einer Unabhängigkeitserklärung. Das Presse- und Informationsamt Nordzyperns zu dieser Resolution:

> „On 17 June 1983 the Parliament, elected by the free will of the Turkish Cypriot people, has, as the only legitimate body capable of representing it, by ist Resolution announced to the world that the Turkish Cyriot people possess the right of self-determination. The Resolution declared that the Turkish Cypriot people are entitled to equal rights and equal status in an independant and souvereign Cyprus. When the colonial regime ended in the island, souvereignity was not transferred exclusively to one of the two communities but both of them conjointly as cofounder partners of the Republic."[111]

Damit wurden die Zyperngriechen indirekt aufgerufen, durch neue Kompromissbereitschaft doch noch zu beweisen, dass das Zustandekommen einer partnerschaftlichen Lösung möglich sei. Anfang Juli 1983 traf Rauf Denktaş mit dem ehemaligen UN-Sonderbeauftragten und nun amtierenden UNO-Generalsekretär Perez der Quellar zusammen. Nach den Gesprächen erklärte Denktaş, er habe das Vorhaben, die Unabhängigkeit seines Teilstaates zu erklären, vorerst vom Tableau genommen. Der Weg für neue Verhandlungen wäre frei gewesen, jedoch war man auf inselgriechischer Seite der

---

[111] The Right of Selfdetermination of the Turkish Cypriot People, S. 3, herausgegeben vom Presse- und Informationsamt der TRNC.

Annahme, man müsse als „rechtmäßige Regierung Gesamtzyperns"
keine weiteren Kompromisse eingehen und der Vorschlag einer bi-
kommunalen Bundesrepublik mit starker Zentralregierung ohne weitere Sicherheitsgarantien für die Zyperntürken sei Entgegenkommen
genug.

Als der UNO-Generalsekretär im August 1983 ein Memorandum an beide Seiten versandte, in dem er wenigstens Gespräche
über die Bedingungen für Verhandlungen forderte, rechnete eigentlich jeder mit der Wiederaufnahme der seit 1979 stockenden Verhandlungen. Das Memorandum sah zwei verschiedene Modelle[112]
vor, über die sich Denktaş und Kyprianou Gedanken machen sollten.
Kyprianou setzte sich anfänglich dafür ein, das Papier als Grundlage
zu akzeptieren, wurde aber vom griechischen Regierungschef Andreas Papandreou gebremst. Daraufhin ließ der Präsident der griechischen Republik Zypern den Antworttermin verstreichen. Für den
zyperngriechischen Außenminister Rolandis schien es keinen Weg
mehr zu einer annehmbaren Lösung zu geben. Er trat daraufhin resigniert zurück, hatte er sich doch für eine bedingungslose Annahme
des Papiers von de Quellar eingesetzt um eine Annäherung zu ermöglichen. Gleiches tat auch die zyperntürkische Seite, die den
Druck Athens auf Kyprianou scharf kritisierte und das Papier als
Grundlage gebilligt hätte. Jedoch wären die Gespräche vermutlich

---

[112] (1) Territoriale Gliederung 70:30 zugunsten der Zyperngriechen, im Unterhaus
selbe Verteilung, im Parlament dagegen 50:50, rollierendes System bei Bundesprä-
sident und Regierungschef. (2) Territoriale Gliederung 77:23, im Unterhaus eine
Verteilung der Sitze von 60:40 zugunsten der Griechen, im Parlament dagegen
50:50, wie in der Verfassung von 1960: ein Grieche Präsident, ein Türke sein Vize.

rasch an der Frage gescheitert, ob es sich um Verhandlungen der rechtmäßigen Regierung Gesamtzyperns mit einer ethnischen Minderheit handelte oder um Gespräche zwischen zwei gleichberechtigten Partnern, denn bereits diese Grundvoraussetzungen entzweite die beiden Seiten gänzlich.

In Ankara schlug die Nachricht angeblich wie eine Bombe ein; tatsächlich aber dürfte Ankara die zyperntürkische Verwaltung in Lefkoşa ermuntert haben, den Schritt in die Souveränität zu wagen. Am 15. November[113] 1983 rief nach einem Beschluss des Parlamentes des TFSC Rauf Denktaş die souveräne und unabhängige *Türkische Republik Nordzypern* (TRNC[114]) aus. In einer Kabinettsresolution vom selben Tage heißt es:

„Firmly convinced that the proclamation of the Turkish Republic of Northern Cyprus will not hinder but facilitate the re-establishment of the partnership between the two People within a federal framework and will also facilitate the settlement oft the problems between them."[115]

Diese Resolution (siehe Anhang) beruft sich auch auf den Beschluss vom 17. Juni 1983 und die allgemeinen Menschenrechte.

---

[113] Heute Nationalfeiertag in der TRNC.

[114] Turkish Republic of Northern Cyprus.

[115] Declaration and Resolution of 15th November 1983, S. 18.

Die Vereinten Nationen versagten dem jungen Staat aber erwartungsgemäß die Anerkennung. Mit einer Resolution vom 18. November 1983 bekräftigte der Weltsicherheitsrat die griechische Position, wonach die Ausrufung der TRNC nicht rechtens sei. Sie widerspräche den Vereinbarungen von London und Zürich – was in den Ohren der Zyperntürken wie Hohn klingen musste, blieben doch unzählige Verstöße gegen diese Verträge durch die Makarios-Regierung vollkommen ungerügt. Immerhin hatte Makarios sogar den Garantievertrag einseitig aufgehoben und die verfassungsgemäße Ordnung der Partnerschaftsrepublik einseitig geändert. Wahrscheinlich hatte der Weltsicherheitsrat Art. 185 der Verfassung im Auge, der die Teilung der Insel ausschloss. Dieser Artikel war aber bereits 1964 durch die erzwungene Enklavenbildung für die Zyperntürken ausgehebelt worden, auch wenn es an der administrativen „Oberfläche" nicht den Anschein hatte und Zypern scheinbar noch immer partnerschaftlich nach Regelung der Verfassung regiert wurde. Es wird der Anschein erweckt, als wollten die Vereinten Nationen die Ereignisse, die zwischen 1963 und 1974 lagen, teilweise ausblenden und sich auch der Geschehnisse von 1974 nur aus einer der beiden Sichtweisen nähern. Sie nahmen sich erneut der griechisch-griechischzyprischen Internationalisierungspolitik an und verhöhnten im Grunde ein weiteres Mal die türkischzyprischen Partner, deren Rechte nicht anerkannt wurden und die nun letztlich vom gleichberechtigten Teilhaber zur ausgegrenzten Minderheit geworden waren. Begründet wird dies oftmals damit, dass dies aufgrund der türkischen „Militärinvasion" geschehen sei und daher das Verschulden der türkischen Seite sei. Diese Sichtweise blendet aber jede Ursache für die Militärintervention aus oder verkennt sie.

Die griechische Republik Zypern im Süden der Insel und Athen verurteilten die Proklamation aufs Schärfste und leugnen ihre Existenz bis heute. Es wird argumentiert, dass die TRNC in einem Akt von Separatismus zustande kam, sich auf dem Territorium der Republik Zypern befinde und durch die Anwendung von Gewalt (i.e. durch die „Invasion" von 1974) die Legitimation gesichert hätte. In zahlreichen Informationsschriften der inselgriechischen Behörden bzw. ihrer Botschaften weltweit ereifert man sich nur allzu gerne gegen den „Pseudostaat" mit seinem „Pseudoparlament". Die Regierungen wurden bis 2005 schlicht als Denktaş-Regime abgetan, obwohl dieser überhaupt nicht Regierungschef war. Alles, was den Anschein einer Anerkennung Nordzyperns erweckt, wird von der griechischen Seiten boykottiert. Dazu gehört es, den Flughafen im Norden (Ercan Airport) als „ilegalen Einreiseort" zu deklarieren, dazu zählt es, Wahlen im Norden als „illegal" zu betiteln und sämtlichen Institutionen Nordzyperns die Existenz („pseudo...") abzusprechen.

Tatsächlich wird die TRNC bis heute nur von der Türkei als souveräne Republik anerkannt, allerdings erreichte sie in den vergangenen Jahren einige Akzeptanz bei islamischen Staaten. So nehmen die Zyperntürken (aber nicht als Staat, sondern als Volksgruppe) als Beobachter an Sitzungen der OIC (Organisation der Islamischen Konferenz) teil. Die fehlende Anerkennung hat heute vor allem Auswirkungen auf den ökonomischen Bereich. So erließ beispielsweise der Europäische Gerichtshof auf eine Klage Griechenlands und Griechischzyperns hin im Juli 1994 ein Urteil, das den Import von Waren aus Nordzypern untersagte. Dies hatte weitreichende Folgen, lag die Wirtschaft der TRNC ohnehin fast brach. Erst durch die Grenzöffnung im Frühjahr 2003 und durch die ausverhandelten „Green Line Regulations" ist es nun möglich, in sehr begrenztem Rahmen, Produkte aus dem Norden z.B. in die EU zu exportieren.

Immer wieder wird man über die Existenz der TRNC fälschlich informiert – wozu auch die negative Propaganda der Inselgriechen beiträgt. Es ist wenig erstaunlich, dass in der Presse fast ausschließlich die inselgriechischen Standpunkte als richtig bewertet werden, denn der andere Standpunkt ist kaum bekannt, die Genese des Konflikts in seinen Ursprüngen schon sehr lange her. Möglicherweise ist man auch gar nicht gewillt, sich ein differenziertes Bild des Gesamtkomplexes zu machen. Der Hauptfehler, der heute noch immer begangen wird, ist die Behauptung, der Staat TRNC existiere als Staat überhaupt nicht. Dem ist entschieden zu widersprechen. Die TRNC wurde am 15. November 1983 proklamiert. Ihre Verfassung wurde 1985 bei einem Referendum mit großer Mehrheit durch die Bevölkerung angenommen. Sie verfügt über ein vom Volk gewähltes Parlament, eine Regierung und einen Staatspräsidenten. Gewaltenteilung ist bekannt und wird respektiert. Die Grenzen der TRNC befinden sich auf einem gegliederten Territorium (nämlich den 3.355 km² nördlich der Attila-Grenzlinie). Die Zyperntürken bilden das Staatsvolk. Ob der Staat nun internationale Anerkennung fand oder ihm diese versagt blieb, spielt in Bezug auf seine Existenz *überhaupt keine* Rolle. Damit ist es entweder Absicht oder mangelndes staatstheoretisches Wissen, wenn die TRNC als nicht existent abgekanzelt wird. Die Kriterien, die seit John Locke als Prämissen für einen Staat zu gelten haben, sind: (1) Territorium, (2) Volk und (3) Verfassung. Diese Kriterien weist beispielsweise auch der ebenfalls nicht anerkannte Staat Somaliland auf. Nordzypern ist als stabilisiertes De-Facto-Regime ähnlich wie Taiwan zu betrachten oder der Kosovo. Der Staat Kosovo wird heute von zahlreichen Staaten anerkannt - auch von Deutschland. In den Augen Serbiens allerdings ist es eine abtrünnige Provinz des eigenen Staats. Es ist also eine Frage der Sichtweise und der politischen Bewertung, ob der Staat existiert oder nicht. Das trifft so auch auf den Norden Zyperns zu.

Der Staat Türkische Republik Nordzypern - Verfassung und Grundordnung

Der Präsident der TRNC, formales Staatsoberhaupt, wird für fünf Jahre direkt vom Volk gewählt. Nach der Proklamation im Jahre 1983 nahm dieses Amt Rauf Denktaş wahr. Zuletzt gewann er im Frühjahr 2000 die Wahlen, als sein Herausforderer, Ministerpräsident Derviş Eroğlu zur Stichwahl nicht mehr antrat. Denktaş verzichtete 2005 aus Altersgründen auf eine erneute Kandidatur, zudem hatte sich die politische Mehrheit geändert, eine neue Mitte-Links-Regierung wandte sich von der Abschottungspolitik ab und wollte ein offeneres Zypern. So gewann 2005 Ministerpräsident Mehmet Ali

Talat von der sozialdemokratischen CTP die Präsidentschaftswahl. Auch Talat konnte aber im Hinblick auf das Zypernfrage wenig Erfolge einfahren, auch wenn die Presse und die Weltöffentlichkeit gemutmaßt hatte, dass die Chemie zwischen ihm und seinem von der kommunistischen AKEL unterstützten Amtskollegen im Süden, Dimitris Christophias (2008-2013) stimmen würde und eine Lösung möglich wäre. Die Enttäuschung im Norden über die Entwicklung war groß. Viele, die Talat unterstützt hatten, weil er sich für einen neuen, liberaleren Weg eingesetzt hatte und auch einen Neubeginn nach mehreren Jahrzehnten der Dominanz durch Rauf Denktaş versprach, wandten sich bei den kommenden Präsidentschaftswahlen 2010 wieder vom linken Lager ab. Knapp über 50 Prozent der Stimmen konnte bei den Wahlen 2010 der Bewerber der national-konservativen UBP bereits im ersten Wahldurchgang erringen - und das obwohl dem ehemaligen Ministerpräsidenten nicht die ganze Partei unterstützte. Der ehemalige UBP-Chef und Ex-Außenminister Ertugruloglu trat gegen den eigenen Mitbewerber an und wurde aus der UBP ausgeschlossen. Eroglu fuhr einen weniger offenen Kurs, pochte auch die Eigenständigkeit der TRNC stärker als Talat zuvor, betonte den Anspruch auf Sicherheitsgarantien durch das türkische Mutterland wieder stärker und wandte sich auch wieder mehr Ankara zu. Seine Amtszeit endete 2015. Erneut wurde ein Bewerber aus dem linken Parteienspektrum gewählt. Mit dem ehemaligen Bürgermeister von Lefkoşa, Mustafa Akinci (TDP), betrat ein auf Ausgleich bemühter Politiker den Präsidentenpalast. Akinci betonte immerfort die Eigenständigkeit Nordzyperns und geriet deswegen am Anfang seiner Amtszeit sogar mit dem türkischen Staatschef Erdogan in Konflikt. Aber auch bis 2018 konnte Akinci keinen Durchbruch in der Zypernfrage erzielen, weil auch er an den großen Leitlinien der Bi-Zonalität, der Sicherheitsgarantien und der Gleichberechtigung keine Veränderungen möchte. Mit seinem inselgriechischen Amtskollegen Nikos Anastasiadis[116] konnte Akinci zwar zahlreiche Verhandlungsrunden führen, ein Gipfel in der Schweiz sollte hier unter Obhut der Vereinten Nationen auch den Durchbruch bringen. Letztendlich war sogar die Türkei bereit, einer Truppenreduzierung zuzustimmen, allerdings wollte Nordzypern nicht auf ein Garantiesystem für seine eigenen Rechte verzichten.

Das Parlament der TRNC verfügt über 50 Sitze, aufgeteilt nach den Regionen Girne, Lefkosa, Famagusta, sowie Güzelyurt, Lefke und Iskele. Die Parteienlandschaft ist vielfältig. Stärkste Partei seit Staatsgründung ist die UBP, die „Nationale Einheitspartei", gegründet 1975 von Rauf Denktaş, der jedoch Anfang der neunziger Jahre aus der Partei austrat. Dervis Eroglu führte die UBP bis zu den Wahlen 2003 an. Neuer Ministerpräsident wurde der spätere Präsident und CTP-Chef Mehmet Ali Talat, Eroglu zog sich vorerst aus der Politik zurück und überließ den Parteivorsitz Hüseyin Özgürgün und später Tahsin Ertugruloglu (beide ehemalige Außenminister Nordzyperns).

---

[116] Erstmals 2013 gewählt. Bei den Präsidentschaftswahlen 2018 erhielt er im ersten Wahlgang gut 35%, setzte sich dann aber in der Stichwahl durch.

Nach den letzten Parlamentswahlen 2018 entstand eine besonderes Bild: Hatte die UBP 2013 starke Einbußen hinnehmen müssen und war nur mehr 12 Abgeordnete gekommen, konnte sie doch während der laufenden Legislaturperiode zurück an die Regierung gelangen. Eine Minderheiten-Regierung aus UBP und DP führte diese Regierung an, Özgürgün wurde Premier. Vorwürfe von Misswirtschaft und Korruption standen im Raum. Dennoch gewann die UBP bei den Wahlen 2018 stark an Stimmen hinzu (35%, 21 Sitze, plus sieben). Allerdings verweigerten ihr die möglichen Koalitionspartner die Zusammenarbeit, sodass die UBP seit Frühjahr 2018 als Oppositionspartei im Parlament sitzt. Regiert wird die TRNC seit Frühjahr 2018 von einer Vierer-Koalition aus der sozialdemokratischen CTP, den beiden liberalen Parteien DP und HP sowie der kleineren links orientierten TDP.

Die UBP gilt als konservative Partei, deren politische Grundzüge sich stark an die Richtlinien Mustafa Kemal Atatürks, des Staatsgründers der modernen Türkei, orientieren. Sie stellte seit Gründung der TRNC immer entweder die meisten oder zweitmeisten Abgeordneten. Dabei wechselte sie sich mit der sozialdemokratischen CTP ab. Sie stellt seit den Wahlen vom Frühjahr 2018 wieder den Ministerpräsidenten (Tufan Erhüman). Die Partei ist seit Mehmet Ali Talat bemüht, Anschluss an die europäische Sozialdemokratie zu finden. Auf Nordzypern wird die Agenda einer Partei jedoch oftmals weniger an den Einstellungen zu Arbeit und Soziales, Wirtschaft und Gesellschaft bestimmt, als durch den Kurs in der Zypernfrage. So sind die politischen Begriffe von *rechts* und *links* hier zu ergänzen um die Definition wie sich eine Partei im Hinblick auf die Zypern-Frage positioniert. Eher konservative Parteien (wie UBP, DP oder HP) betonen stärker die Eigenständigkeit, zementieren eine Abgrenzung zum inselgriechischen Süden und zeigen sich eher weniger kompromissbereit im Bezug auf territoriale Eingeständnisse. Sie sind teilweise (vor allem UBP) deutlich stärker auf das türkische Mutterland fixiert. Die vermeintlich linken Parteien (CTP und TDP) hingegen zeigen sich offener für eine Lösung, erscheinen weitaus kompromissbereiter und weniger eng an Ankara orientiert. Tatsächlich gelten aber auch für die Politiker von CTP und TDP „rote Linien" in der Zypernfrage.

Im politischen Zentrum findet man die sich selbst als liberal definierenden Parteien DP (Demokratische Partei) und HP (Volkspartei). Nachdem Rauf Denktaş mit der von ihm gegründeten UBP Differenzen ausfocht und als Präsident der TRNC ohnehin parteilos war, ermunterte er seinen Sohn Serdar, eine liberale Partei zu gründen. 1998 erlangte die DP 22,6 Prozent und damit 13 Sitze. Serdar Denktaş' DP verlor über Jahre an Zustimmung und kam bei den Wahlen von 2018 nur mehr auf drei Sitze. Dennoch war die Partei seit ihrer Gründung die längste Zeit an der Regierung beteiligt. Serdar Denktaş selbst fungiert seit 2018 wieder als Finanzminister. Die Einbußen der Partei hängen auch damit zusammen, dass mit der 2016 gegründeten HP (Volkspartei) eine neue Kraft in der Mitte entstand, die wesentlich vom Charisma des Parteigründers Kudret Özersay profitierte. Özersay war einst Berater von TRNC-Präsident

Eroğlu und in dessen Verhandlungsteam. 2015 trat er selbst an um Präsident zu werden, erreichte auf Anhieb über 20 Prozent der Stimme, verpasste aber die Stichwahl. Die HP stellt seit 2018 neun der 50 Abgeordneten. Özersay wurde Außenminister.

Das parlamentarische System der TRNC kennt eine Fünfprozenthürde. Der Staatspräsident residiert im Präsidentenpalast nahe der Green Line an der Grenze zu Südzypern in der Hauptstadt Lefkosa. Der Amtssitz ist recht bescheiden angelegt. Der Präsident hat vornehmlich repräsentative Aufgaben. Ihm kommt in der zyperntürkischen Gesellschaft eine ähnliche Rolle zu wie dem deutschen Bundespräsidenten. Jedoch gibt es eine Ausnahme – und diese ist von fundamentaler Bedeutung. Der Staatspräsident leitet die interkommunalen Gespräche und vertritt die Zyperntürken zusammen mit dem Ressortminister nach außen. Daher kommt es auch gelegentlich zu Konflikten zwischen den jeweils amtierenden Staatschefs und der Regierung. Im Sommer 2000 wurde in der TRNC einige Zeit lang über die Frage diskutiert, ob es „zur Lösung dringender Probleme" sinnvoll wäre, ein präsidiales System einzuführen, wie es im griechischen Süden vorhanden ist.[117] Bei einem Treffen im August 2000 mit dem Außen- und Verteidigungsminister Tahsin Ertugruloglu (UBP) erklärte dieser, dass eine offene Diskussion notwendig sei, um die richtige Lösung zu finden und nicht durch eine schnelle Reaktion die eigentliche Dimension des Problems zu verkennen. Er

---

[117] Dort ist ähnlich wie in den Vereinigten Staaten der Präsident auch gleichzeitig Regierungschef. Seine Stellung ist auch in der Tagespolitik weit mehr herausgehoben als die des Präsidenten der TRNC.

selbst sprach sich für ein solches System aus. Dies geschah gut fünfzehn Jahre bevor der türkische Staatschef Erdogan eine neue Verfassung in der Türkei auf den Weg brachte. Im Zuge der Umgestaltung der türkischen Verfassungsordnung wurde erneut über ein Präsidialsystem für Nordzypern nachgedacht.

Kommentar
Nordzypern: So groß wie das Münchner Hasenbergl und Schwabing oder Berlin Kreuzberg und Wedding

Eines darf man nicht vergessen: Redet man vom „Weltkonflikt" Zypern, der Generationen von Diplomaten beschäftigt hat und wohl noch weitere Scharen Diplomaten beschäftigen wird, redet man von einer Insel, auf weit weniger Menschen wohnen als alleine in München. Die TRNC hatte nach Zensus 2014 etwas mehr als 313.000 Einwohner, etwa ebenso viele Menschen wie in den Münchner Stadtteilen Hasenbergl und Schwabing leben oder in Berlin Kreuzberg und Wedding.[118] Man muss sich immer vor Augen führen, dass die Gesellschaft Nordzyperns einen wirklichen Mikrokosmos darstellt. Während wohl nicht einmal jeder Münchner seinen Oberbürgermeister Dieter Reiter persönlich gesehen haben dürfte, geschweige denn jeder Berliner den Regierenden Bürgermeister, gibt es wohl kaum einen Zyperntürken, der nicht einst irgendwann Präsident Denktaş getroffen hätte – und sei es nur bei einer Wahlkampfveranstaltung. Und auch der amtierende Staatschef Akinci ist präsent. Die doch sehr ländliche und übersichtliche Struktur Nordzyperns verlangt vom neutralen Beobachter ein neues, anderes Denken. Veränderungen schlagen viel schneller durch. Die Volkswirtschaft ist nicht nur durch ferne Zahlenspiele in einem Wirtschaftsministerium charakterisiert, sondern durch den tatsächlichen Brotpreis oder die staatlichen Löhne. Mir liegen leider keine verlässlichen Zahlen vor, doch dürften rund 20 bis 25 Prozent aller Inseltürken für den Staat arbeiten. Auch dies schafft eine zusätzliche Bindung an den Zwergstaat. Manche Zyperntürken fühlen sich heute von Ankara er-

---

[118] Grob gerundet.

drückt. Die Präsenz der Soldaten, viele Siedler[119] und Saisonarbeiter aus Anatolien lassen die Zyperntürken eng zusammenrücken.

Ereignisse im Zusammenhang mit der Proklamation

Am 17. November 1983, an jenem Tag also, an dem die Vereinten Nationen ihre Resolution erließen, unterbreitete Lefkoşa neue Vorschläge bezüglich einer Wiederbesiedelung der Vorstadt Famagustas (Varosha) und der Wiedereröffnung des internationalen Flughafens in der Pufferzone. Die Vorschläge beinhalteten tatsächlich aber wenig Neues, sodass die Reaktion aus Athen und Nikosia, zumal unter dem Eindruck der aus deren Sicht separatistischen Proklamation eines eigenen türkischzyprischen Staates, wenig verwunderlich sein dürfte. Man lehnte ab. Im Januar 1984 unternahm Präsident Denktaş einen neuen Versuch und forderte aus einer neuen, gestärkten Position heraus die Wiederaufnahme von Gesprächen. Jedoch diskutierte die Weltöffentlichkeit weiterhin den inseltürkischen „Sezessionsakt" und nicht die Findung einer Lösung für den Gesamtkonflikt. Im März 1984 schaltete sich auch UNO-Generalse-

---

[119] Manche sprechen von rund 114.000 türkischen Siedlern. Die Zyperngriechen missbrauchen diese Menschen für ihre negative Propaganda. Im Grunde müsste man der Siedlerfrage eine eigene Arbeit widmen: Könnten Familien, die seit 1974 auf der Insel leben, wieder zurückgeschickt werden? Will Nordzypern mit diesen Siedlern die demoskopische Struktur verändern oder ging es bei der Besiedelung in erster Linie um die Landwirtschaft? Tatsache ist, dass viele türkische Siedler in der TRNC nicht für die Inselgriechen ein Problem darstellen, sondern für die Türken Zyperns, die teilweise Angst haben, als Minderheit im eigenen Land zu enden und ihre ganz eigene zyperntürkische Identität dabei auf der Strecke bleibt. „We are Turks, no Greeks, but we are Cypriots and no Turks on the other hand." - So hört man es immer wieder.

kretär Perez de Quellar wieder in die Debatte ein. Er forderte die griechische Seite erstmals auf, den Konflikt nicht zu dramatisieren und stellte gleichzeitig ein Rahmenprogramm für weitere Verhandlungen vor. Rauf Denktaş erklärte, er sei durchaus bereit wieder an den Verhandlungstisch zurückzukehren. Die einzige Bedingung des TRNC-Präsidenten war, dass auf griechischer Seite aufgehört würde, die Regierung Südzyperns als Regierung Gesamtzyperns darzustellen. Dies wies Kyprianou aber umgehend zurück, Südzyperns Regierung sei die einzig legitime Regierung für Gesamtzypern. Erst im August 1984 startete der UNO-Generalsekretär einen zweiten Anlauf. Er traf in Wien nacheinander mit Kyprianou und Denktaş zusammen. Ende August kam es zur Zustimmung beider Seiten, unter gewissen Vorbedingungen wieder zu Gesprächen über Inhalte zusammenzutreffen. So wollte Kyprianou zwar verhandeln, aber keinesfalls mit Denktaş in einem Raum, da dies dessen Stellung aufwerten könnte. Perez de Quellar musste als Überbringer der Informationen von Raum zu Raum fungieren. Die Gespräche mit dem Ziel „Vertrauensbildende Maßnahmen" zu ergreifen, wurden allerdings bald ergebnislos vertagt. Auch eine zweite Gesprächsrunde ab 15. Oktober 1984 scheiterte an festgefahrenen Positionen bezüglich der Varosha-Frage, der Frage einer gemeinsamen Verfassung und einer möglichen Neugliederung des Inselterritoriums. Am 22. Februar 1985 kam es in Südzypern zu einer innenpolitischen Krise. Viele warfen Kyprianou vor, den Willen des Volkes nicht ausreichend zu vertreten; man forderte lautstark seinen Rücktritt, doch Kyprianou blieb im Amt.

Am 5. Mai 1985 ließ Rauf Denktaş durch ein Plebiszit die neue Verfassung der TRNC vom Volk bestätigen. Jedoch stimmten nur etwas mehr als 70 Prozent[120] für diese Staatsgrundlage und dies bei einer Wahlbeteiligung von unter 80 Prozent. Tzermias folgerte, Denktaş könne sich „darauf berufen, das Volk billige seinen Separatismus."[121] Nochmals sei an dieser Stelle an die Pläne zu den Verfassungsänderungen von 1963 erinnert, an den Bürgerkrieg und seine Folgen. Erst dann wird verständlich, wann und von wem die Spaltung betrieben wurde – und auf wessen Kosten. Die Verträge von 1960 gestanden den Zyperntürken ein Selbstbestimmungsrecht zu – ausgeübt im Rahmen einer partnerschaftlich aufgebauten Verfassung. Am 9. Mai 1985 fanden dann die ersten Präsidentschaftswahlen im Norden statt. Rauf Denktaş konnte sie erwartungsgemäß für sich entscheiden. Tzermias versucht eine größtmögliche Opposition gegen Denktaş zu konstruieren, indem er ausdrücklich auf den Stimmenanteil der beiden Gegner, Özgür und Durduran, von 27 Prozent hinweist. Betrachtet man aber die Wahlergebnisse von 1995 bzw. 2000, wo Rauf Denktaş jeweils im ersten Wahlgang nur um die 40 Prozent der Stimmen erhielt, so war der Wahlsieg 1985 sicherlich weit eindeutiger. Tzermias verweist auf die zahlreichen Festlandstürken, die seit 1975 nach Nordzypern kamen, um, so die griechische Sichtweise, das demoskopische Bild zu verändern. Sicherlich dürfte Rauf Denktaş einen wichtigen Anteil seiner Zustimmung aus dieser Be-

---

120 Nach Tzermias nur 53 Prozent der Gesamtbevölkerung. Tzermias dürfte Nichtwähler zu den Neinstimmen gezählt haben.

121 Pavlos Tzermias, Geschichte der Republik Zypern, S. 588. Die Wortwahl „Separatismus" lässt den Standpunkt des Autors deutlich werden.

völkerungsschicht bekommen haben. Trotz der Zunahme der festlandstürkischen Bevölkerung in der TRNC sank die Zustimmung zum Präsidenten – ein Argument gegen die bedingungslose Gefolgschaft der Festlandstürken. Tzermias unterliegt scheinbar dem Irrtum, eine Gesellschaft müsse geschlossen hinter einer politischen Führungskraft stehen, damit sich diese als halbwegs legitimiert ansehen dürfe. Das gilt vor allem im Zusammenhang mit dem Plebiszit zur Verfassungsannahme. In jeder Demokratie aber basiert die Bildung einer Regierung auf Mehrheiten und nicht auf Absolutheit. Immer wird nur ein Großteil der Wahlberechtigten für den Kandidaten gestimmt haben, der sich schlussendlich durchsetzt, alles andere wäre Zeugnis einer Scheinwahl. Auch der inselgriechische Präsident Klerides wurde bei den Präsidentschaftswahlen 1998 im ersten Wahlgang abgestraft und bekam nur knapp über 40 Prozent und Nikos Anastasiadis musste 2018 mit weniger als 40 Prozent gar in die Stichwahl. Niemand würde dies aber als Beweis deuten, die Demokratie in der Republik Zypern sei gefährdet, das Wahlergebnis sei ein Beweis dafür, wie wenig Rückhalt der Präsident in der Bevölkerung habe und dafür, dass der Präsident nur mit fadenscheinigen Mitteln an der Macht bleiben konnte. Klerides und Anastasiadis wurden beide dann im zweiten Wahlgang wiedergewählt. Bei Rauf Denktaş im Norden Zyperns war das anders: Hier gaben automatisch alle Wahlergebnisse Anlass für wilde Spekulationen. Und bei seinen Nachfolgern folgte bei den Wahlen oftmals reflexartig der Fingerzeig in Richtung Ankara. Nur ein von Ankara geduldeter Politiker könne, so die Deutung, im Norden Zyperns Präsident werden. Die politischen Spannungen zwischen TRNC-Präsident Mustafa

Akinci und dem türkischen Staatschef Erdogan allerdings belegen das Gegenteil. Die Wahlen im Norden Zyperns sind frei und basieren auf den üblichen, demokratischen Grundzügen.

Im Juni 1985 fanden die ersten Parlamentswahlen der TRNC statt. Die UBP konnte 24 der 50 Sitze gewinnen, was Denktaş' Linie in drei Wahlen bestätigte, auch wenn Tzermias anmerkt, „ihr (UBP; Anm.: U.P.) Stimmenanteil war kleiner gewesen als bei den Parlamentswahlen (des TFSC, Anm.: U.P.) 1981."[122] Dies stimmt, denn die UBP musste einen Stimmenverlust von rund sechs Prozent hinnehmen. Aber die Ursachen für diese Stimmenverluste allein bei Denktaş zu suchen, bzw. eine grundsätzliche Ablehnung des neuen Staates dahinter zu vermuten, muss doch sehr an den Versuch erinnern, in der TRNC einen Widerstand gegen den eigenen Staat und seine Regierung und den Präsidenten herbeizureden, der so nicht vorhanden war. Auch die Tagespolitik auf Nordzypern dürfte eine große Bedeutung für die Wahlverluste der UBP gespielt haben, die immer noch nahe an die absolute Mehrheit kam. Bei späteren Wahlen spielte die Zypernfragen zwar immer eine wichtige Rolle bei der Entscheidung, nie aber die einzige.

Initiativen des UNO-Generalsekretärs

De Quellar war allgemein bemüht, den Konflikt rasch beizulegen und für alle Seiten eine annehmbare Lösung zu finden. So

---

[122] ebd. S. 589.

legte er bereits im Dezember 1984 ein Programm vor, das von der inseltürkischen Seite als Lösungsbasis anerkannt wurde. Sie akzeptierte den Plan und war bereit, ihn mit all seinen Einzelpunkten in die Tat umzusetzen. Das Lösungsprogramm sah unter anderem vor, dass

a) eine Bundesrepublik Zypern zu schaffen sei;

b) diese einen bi-zonalen Charakter haben solle;

c) in einem Oberhaus beide Volksgruppen gleich stark vertreten sein sollten;

d) Teile des Gebietes Nordzyperns (darunter Varosha) an die UNO übergeben werden sollten;

e) der türkischen Seite aber wenigstens 29 Prozent des Gesamtterritoriums zuzugestehen seien;

f) den Griechen im Unterhaus 70 Prozent der Sitze zuzubilligen seien;

g) dass bei manchen Gesetzesvorhaben die Türken im Untgerhaus geschlossen votieren müssten;

h) es folgende Bundesangelegenheiten geben solle:
aa) Auswärtige Angelegenheiten,
bb) Haushalt und Finanzen,
cc) Wirtschaft (Importe, Exporte, Tourismus),
dd) Bank- und Münzwesen (Zentralbank),
ee) Raumordnung und Bodenschätze,
ff) Post- und Fernmeldewesen,
gg) Verkehrs- und Transportwesen,
hh) Sicherheit und Verteidigung,
ii) Justizwesen;

i)   die Bewegungs- und Niederlassungsfreiheit gesondert zu regeln seien;

j)   nichts unternommen werden dürfe, das den Verhandlungen in irgendeiner Weise schaden könnte;

k)   ein Fond zur Angleichung der Wirtschaftsleistung in beiden Teilen Zyperns geschaffen werden solle;

l)   der Flughafen von Nikosia beiden Seiten zugänglich gemacht werden solle;

m)   der Abzug fremder Truppen gesondert zu behandeln sei;

n)   beide Seiten ein Anrecht auf angemessene Sicherheitskriterien hätten;

o)   alle weiteren Fragen bei weiteren Verhandlungen zu klären seien.[123]

US-Präsident Ronald Reagen lobte den Gipfel vom Januar 1985 als einen wichtigen Schritt in Richtung Wiedervereinigung. Für Kyprianou allerdings war dieser Lösungsvorschlag lediglich ein Rahmengerüst. Den Truppenabzug gesondert zu regeln kam für die inselgriechische Regierung nicht in Frage. Kyprianou wollte den Rückzug aller türkischen Truppen fest in dem Abkommen verankert wissen und eher als Vorbedingung für Gespräche betrachtet haben. Kyprianou stand innenpolitisch stark unter Druck, sodass er hier nicht nachgeben konnte. Er wies den Plan als Lösung zurück, bekräftigte aber, ihn als Diskussionsgrundlage zu begrüßen. Dies aber entsprach weder den Vorstellungen Perez de Quellars, der sich zum

---

[123] ebd. S. 581, sowie Uwe Berner, Das vergessene Volk, S. 505; Nummerierung nach Uli Piller, Zypern, die ungelöste Krise, S. 88.

Ziel gesetzt hatte, den Konflikt rasch zu lösen, noch der Absicht Rauf Denktaş', den Plan als Lösung anzuerkennen. Der Generalsekretär wollte seine Initiative aber nicht scheitern lassen und legte im April 1985 einen weiteren Plan vor, der durch einige Umgestaltung nun für die Zyperntürken nicht mehr annehmbar war. Die Zweistaatlichkeit der neuen Bundesrepublik Zypern war in diesem Plan nicht mehr sichergestellt, weil de Quellar von Bundesstaaten *oder* Provinzen redete, was auch eine bi-kommunale Lösung in einer multi-zonalen Republik bedeuten konnte, was die türkische Seite ablehnte – sie bestand auf der Bi-Zonalität. Denktaş legte dem Generalsekretär ein Schreiben vor, in dem er gut ein halbes Dutzend Abweichungen zu zyperntürkischen Interessen herausstellte und erklärte, der Entwurf sei so für den Norden nicht mehr annehmbar.

In den kommenden Jahren geschah auf dem diplomatischen Parkett nicht sonderlich viel. Die Treffen scheiterten allesamt.

Zypern bis 2001

Zwei Jahre nach dem Scheitern des Gipfels zwischen Denktaş und Kyprianou kam es zum Abschluss einer Zollunion zwischen der Republik Zypern und der *Europäischen Gemeinschaft* (EG). Für die wirtschaftliche Entwicklung des griechischen Südens war dies ein wesentlicher Fortschritt. Politisch erschien das Jahr 1988 eine hoffnungsvolle Wende zu versprechen. Vor allem aus der historischen Distanz kann man wertend festhalten, dass in diesem Jahr wohl historische Chancen verspielt wurden, den Konflikt zur Zufriedenheit *aller* Parteien zu lösen. Von enormer Bedeutung war die Annäherung Ankaras und Athens, vorangetrieben durch den griechischen Ministerpräsidenten Andreas Papandreou und dem türkischen Staatsoberhaupt Turgut Özal. Diese beiden Politiker sahen sich nicht nur mit dem Zypern-Konflikt konfrontiert, sondern auch mit Spannungen in der Ägäis und in Westthrazien. Beide Seiten vereinbarten ein Treffen im schweizerischen Davos. Alle Themen kamen dabei zur Sprache – ausgenommen ein möglicher EG-Beitritt der Türkei. Trotz einer strikten Nachrichtensperre war zu erfahren, dass es Annäherungen gegeben habe und man Arbeitsgruppen bilden wollte, die die Konfliktfelder aufarbeiten sollte. Am 21. Februar 1988 fanden im griechischen Südzypern Präsidentschaftswahlen statt, die Georgios Vassiliou für sich gewinnen konnte. Vassiliou war ein reicher Geschäftsmann mit mondäner Grundhaltung, der der kommunistischen AKEL nahestand und später eine eigene Partei (Liberale Demokratische Bewegung, KED) führte. Bereits am 24. August trafen Denktaş und Vassiliou in der Schweiz unter der Leitung de Quellars zusammen. Die Chancen auf diesem „historischen Treffen", wie es in der Presse bezeichnet wurde, eine Lösung zu finden, die im Zeichen der Annäherung zwischen Athen und Ankara auch eine Annäherung zwischen Nikosia und Lefkoşa hervorbringen konnte, blieben aber ungenutzt. Nach 1990 wurde das Klima zwischen beiden Seiten wieder frostiger; selbst die neuerliche Annäherung zwischen Griechenland und der Türkei seit den schrecklichen Erdbeben in der Türkei und in Athen im Sommer 1999 hatten keine positiven Nebeneffekte für Zypern. In einem Gespräch mit dem damaligen Honorarkonsul der Republik Zypern in München, Karlheinz Horn, äußerte dieser 1994 die Befürchtung, die Zeit könnte gegen den Konflikt arbeiten – und tatsächlich werden die Berührungspunkte zwischen Griechen im Süden und Türken im Norden weniger. Es ist dies jedoch auch eine Chance, dass die nachfolgenden Generationen, frei von den traumatischen Erfahrungen ihrer Eltern und Großeltern, ein neues Zeitalter des friedlichen Neben- und Miteinanders schaffen können. Erst die Öffnung der innerzyprischen Grenze gab hier den Plattformen für eine Annäherung wieder etwas Schub.

Der Golfkrieg und die deutsche Wiedervereinigung hatten auch Auswirkungen auf Zypern. Kurze Zeit nach dem Krieg am Persischen Golf startete die griechische Seite eine Postkartenaktion, bei der sie das Eingreifen des türkischen Militärs 1974 mit dem Überfall irakischer Truppen auf Kuwait verglich und ähnliche Konsequenzen forderte. Die Aktion fand international allerdings wenig Anerkennung und verpuffte, zumal sie sicherlich nicht als vertrauensbildende Maßnahme angesehen werden konnte. Die deutsche Wiedervereinigung ließ im griechischen Süden Zyperns die Hoffnungen wachsen, im Zuge einer europäischen Initiative könnte es auch zu einer Überwindung des Zypern-Konfliktes kommen. Dass die Lage auf Zypern aber vollkommen anders ist als in Deutschland 1990 zeigt Folgendes:

a) Zypern selbst war nie in das Ost-West-Denken integriert. Die Insel gehörte zu den Blockfreien.

b) Im Gegensatz zu Deutschland, wo ein Volk in zwei Staaten getrennt war, leben auf Zypern zwei ethnisch unterschiedliche Volksgruppen, die verschiedene Sprachen

sprechen, eine andere Religion und daher weniger Berührungspunkte haben.

c) Das deutsche Volk hat nicht mit Waffengewalt gegenein-
ander gekämpft. Die Auseinandersetzung war nach 1949
eine ideologische und von außen geführte. Zypern hat
zwei Bürgerkriege erlebt, die die beiden Volksgruppen
weit voneinander entfernt hatten.

d) Durch den schleichenden Zusammenbruch der UdSSR
fehlte der DDR die Schutzmacht. Projiziert auf die Kon-
stellation im Zypern-Konflikt hieße dies, dass die Türkei
nicht mehr als Schutzmacht fungieren würde.

1990 fanden in der TRNC Parlamentswahlen statt. Diesmal
gelang es der UBP, die absolute Mehrheit zu erringen (ca. 55% der
Stimmen, 34 Sitze). Am 22. April wurde dann Rauf Denktaş erwartungsgemäß in seinem Amt als Staatspräsident bestätigt. Er erhielt
rund 67 Prozent der Stimmen, während seine Widersacher Bozkurt
mit rund 32 Prozent und Durduran (1.157 Stimmen, 1,25 Prozent)
auf die Plätze verwiesen wurden. Nachdem zwölf Oppositionspolitiker das Parlament verlassen hatten, kam es im Oktober 1991 zu
Nachwahlen, bei denen weitere 11 Sitze an die UBP fielen. Auch im
griechischen Süden fanden 1991 Parlamentswahlen statt. Festzu-
halten ist, dass die jetzt türkischen Distrikte immer noch mit einer
festen Anzahl von Wählern vertreten sind. Der Presseattaché der
Botschaft Südzyperns in Bonn erklärte mir damals in einem Telefon-
gespräch, dass man die Distrikte beibehalten habe und die Flüchtlinge nach wie vor so registriere. Auch die Nachkommen werden so

zugeordnet. Das bedeutet, eine Familie aus Kyrenia (heute türkisch Girne), die in Limassol lebt, wählt Abgeordnete aus dem Distrikt Kyrenia, auch wenn die schon wahlberechtigten Kinder beispielsweise in Limassol geboren wurden und nie in Kyrenia gelebt haben. Klerides´ Demokratische Versammlung (DISY) konnte 20 von 56 Sitzen erringen, die ehemals kommunistisch orientierte AKEL 18, Kyprianous konservative DIKO elf und Lyssarides´ sozialistisch-nationalistische EDEK sieben Sitze. Damit waren die Konservativen unter Klerides zur neuen starken Kraft aufgestiegen und so verwunderte es auch nicht, dass Klerides 1993 nach 1974 ein zweites Mal Präsident wurde. Er trat gegen Amtsinhaber Vassiliou und Paschalides, dem Kandidaten „Der Front", unterstützt durch das nationalistische Sammelbecken der sozialistischen EDEK, an. Klerides setzte besonders auf seine Erfahrung mit dem türkischen Amtskollegen Denktaş, den er noch aus Studienzeiten kannte. Dennoch fiel die Stichwahl zwischen Vassiliou und Klerides denkbar knapp aus: Nur rund 2.000 Stimmen Vorsprung hatte Klerides gegenüber Vassilou, der sich anfangs aus der Politik zurückziehen wollte, später aber als Vorsitzender seiner KED-Partei sogar wieder ein wichtiges Amt inne hatte und für die griechischzypriotische Seite die Gespräche mit der EU führte.

In der TRNC vertrat man die Ansicht, dass das neue Kabinett der Republik im Süden wenig Änderung im politischen Stil bringen würde und tatsächlich änderte sich die „Großwetterlage" kaum. Alle Bemühungen, Denktaş und Klerides zu einer Lösung zu bewegen blieben erfolglos.

An Ostern 1993 kam es zu einem schweren Zwischenfall an der innerzyprischen Grenze, als türkische Soldaten einen inselgriechischen Nationalgardisten erschossen, nachdem dieser die Grenze überschritten hatte. Der zyperngriechische Verteidigungsminister Eliades sprach von kaltblütigem Mord an dem 19-Jährigen. Als Folge kam es an der *Green Line* in Nikosia zu Protesten. Nur etwa zwei Wochen darauf wurde ein zyperntürkisches Boot von der inselgriechischen Küstenwache in internationalen Gewässern beschossen. Bei Auseinandersetzungen an der Grenzlinie gab es laut Angaben der *Süddeutschen Zeitung* vom 28. Juli 1993 32 Verletzte. Bei diesen Auseinandersetzungen hatten Inselgriechen versucht, die UN-kontrollierte Pufferzone zu durchqueren. Sie wurden von türkischem Militär aufgehalten.

Am 15. November 1993 wurde in der TRNC der zehnte Jahrestag der Proklamation des Staates feierlich begangen. Dieser Jahrestag bot beiden Seiten die Gelegenheit, propagandistische Scheingefechte zu führen. Es kam zu einigen unschönen verbalen Attacken. Der damalige Europaminister in Athen, Theodoros Pangalos (später Außenminister unter Andreas Papandreou) verglich die Türkei mit einem „diebischen Kind", das „einfach stehle, was es haben wolle."[124] Er bezog sich dabei auf die Ermordung eines kleinen britischen Kindes, das von zwei anderen Minderjährigen getötet worden war. Die türkische Seite warf Griechenland und Südzypern vor, erneut panhellenistische und nationalistische Töne zu verbreiten.

---

[124] Süddeutsche Zeitung, 29.11.1993.

Ende 1993 wählten die Zyperntürken ein neues Parlament, nachdem die konservative Regierungskoalition auseinander gebrochen war und so Neuwahlen durchgesetzt wurden. Denktaş, selbst Gründungsmitglied und Vorsitzender der UBP, setzte sich im Wahlkampf für die DP ein, die sein Sohn Serdar anführte. Die deutlichen Verluste der UBP zeigten, dass Rauf Denktaş immer noch die Mehrheit der Wähler hinter sich wusste. Der Anteil der Sitze der UBP halbierte sich von 34 auf 17; die DP konnte 15 Sitze für sich gewinnen, die sozialdemokratische CTP kam auf den dritten Rang in der Wählergunst. DP und CTP bildeten eine Regierungskoalition und Hakki Atun (DP) wurde Ministerpräsident. Derviş Eroğlu, seit Ausrufung der TRNC Ministerpräsident, musste als Führer der Opposition eine neue Position im Parlament einnehmen, Serdar Denktaş wurde stellvertretender Regierungschef. Das Bündnis zerbrach aber bald. Bei den Wahlen 1998 kam es dann zu einem Rechts-Links-Bündnis aus UBP und TKP. Derviş Eroğlu war zu diesem Zeitpunkt bereits wieder Ministerpräsident, da die DP-CTP-Koalition nicht standhielt. Die Koalitionäre konnten sich nicht einigen, wie mit griechischen Grundstücken und Gebäuden weiter verfahren werden sollte, die nach 1974 in Besitz der Zyperntürken gelangt waren. Nach nur 14 Monaten im Amt trat Hakki Atun zurück.[125]

---

[125] Süddeutsche Zeitung, 13. und 27.2.1995.

Im Juli 1994[126] entschied der Europäische Gerichtshof, dass EU-Staaten keine Waren mehr aus der TRNC importieren dürften. Dies bedeutete für die auch ohne Krisen geplagte Wirtschaft Nordzyperns einen weiteren herben Schlag. So mussten Waren aus der TRNC doppelt besteuert in die Türkei exportiert, dort als türkische Erzeugnisse ausgewiesen werden und konnten erst so nach Europa gelangen. Heute wird immerhin durch eine Zollunion zwischen Ankara und Nordzypern eine gewisse Erleichterung geschaffen, da die an anderer Stelle angesprochene *Green Line Regulation* keine großen wirtschaftlichen Erfolge erzielte.

Im April 1995 fanden Präsidentschaftswahlen statt, die Rauf Denktaş erst im zweiten Wahlgang (Stichwahl gegen Derviş Eroğlu) für sich entscheiden konnte. Der Frühsommer 1995 war geprägt von dramatischen Waldbränden im sogenannten Fünffingergebirge, bei denen rund 70 km² Wald vernichtet wurden. Im Herbst 1995 trat der stellvertretende Ministerpräsident der TRNC Özker Özgür von seinem Amt zurück, nach inselgriechischen Angaben wegen unüberwindbarer Differenzen zu Präsident Rauf Denktaş.[127]

---

[126] Ein denkbar ungünstiger Zeitpunkt, wurde doch in der TRNC an den 20. Jahrestag des Endes der Unterdrückung durch die Zyperngriechen gedacht, während man im Süden der „Okkupation" durch türkische Truppen gedachte und somit die Situation recht angespannt war.

[127] Cyprus Mail, 31.10.1995.

Rüstungsprojekte in der Republik Zypern

Inoffiziellen Berichten zufolge soll die Republik Zypern Mitte der neunziger Jahre täglich rund zwei Million US-Dollar für Rüstungsprojekte ausgegeben haben. Dies entsprach einem Rüstungsetat von rund 730 Millionen US-Dollar. Präsident Klerides äußerte sich während einer Militärparade in Nikosia zu den Rüstungsprogrammen; er verkündete Aufrüstungsmaßnahmen bis zum endgültigen Abzug der türkischen Armee.[128]

Anfang Dezember 1995 übergab die griechische Armee 40 Panzer an Nikosia. Diese Aktion fand im Rahmen einer im Herbst geschlossenen Verteidigungsdoktrin zwischen Athen und Nikosia statt. 1997 kam es zu verschärften Spannungen zwischen Ankara und Athen, weil Nikosia russische S-300 Abfangraketen auf der Insel stationieren wollte, die bis knapp hundert Kilometer auf türkisches Festland gereicht hätten. Wolfgang Koydl, zu dieser Zeit für die *Süddeutsche Zeitung* in Istanbul tätig, schrieb in diesem Zusammenhang:

> „Zur Zeit scheinen die Zeichen auf Krieg zu stehen. Die Türkei hat martialisch auf die Ankündigung Nicosias reagiert, sich ein hochmodernes russisches Luftabwehrsystem zuzulegen. (...) Solche Töne aus Ankara kennen die Inselgriechen. Was sie stutzig gemacht hat, war die massive US-Kritik. Seitdem wird in Nicosia unter der Hand verbreitet, dass

---

[128] Süddeutsche Zeitung, 2.10.1995.

man eigentlich nicht aufrüsten, sondern nur auf das Cypern-Problem aufmerksam machen wollte. (...) Wer unter diesen Umständen Aufmerksamkeit heischt, der gefährdet die Aussichten auf eine friedliche Lösung. Vielleicht ist dies ja beabsichtigt."[129]

Nur acht Tage später titelte die *Süddeutsche Zeitung*: „Die Kluft ist größer als jemals zuvor." Und tatsächlich deutete vieles in diesen Monaten auf eine militärische Auseinandersetzung auf Zypern hin. Die Türkei versuchte durch Kontrollen auf der Meerenge des Bosporus die Waffenlieferung an Südzypern zu verhindern.[130] Im Oktober kam es dann zu Scheingefechten zwischen der griechischen und türkischen Luftwaffe über Zypern. Selbst der amerikanische Spitzendiplomat Richard Holbrooke, der den Bosnien-Krieg beenden konnte, musste eingestehen für Zypern keine Lösung zu finden. Der Konflikt dehnte sich weiter aus, sodass im Juli 1998 sogar das Auswärtige Amt Zypern-Urlauber zur Vorsicht mahnte.[131] Der Konflikt um die Stationierung der S-300-Raketen überschattete auch die Präsidentschaftswahlen 1998 im griechischen Südzypern, die Klerides erst im zweiten Wahlgang knapp mit 50,8 Prozent für sich entscheiden konnte. Massive Drohungen aus Ankara und Nordzypern veranlassten die Regierung Klerides' schlussendlich, die bereits erworbenen Raketen auf Kreta stationieren zu lassen. Diese

---

[129] Wolfgang Koydl in Süddeutsche Zeitung vom 10.01.1997.

[130] Süddeutsche Zeitung, 06.09.1997.

[131] Süddeutsche Zeitung, 22.07.1998.

Entscheidung verführte die „Türken zu Siegerposen", so titelte Anfang 1999 das Nachrichtenmagazin „FOCUS". Und tatsächlich schwächte die Entscheidung Klerides entscheidend, denn die sozialistische EDEK, die massiv für die Raketen-Stationierung eingetreten war, zog ihre Minister aus dem Kabinett zurück. Noch im Sommer 1999 erklärte EDEK-Chef Lyssarides auf einem Sommer-Camp für Jugendliche, es wäre ein großer Fehler gewesen, den Drohungen der Türkei nachgegeben zu haben.

Im Oktober 1998 versuchte ich mir selbst ein Bild über die Aufrüstung der Republik Zypern zu machen, konnte jedoch in den jeweiligen Haushaltsaufstellungen keinen Wehretat feststellen. Tatsächlich wurde mir dann am 15. Oktober 1998 vom Verteidigungsministerium der Republik Zypern mitgeteilt, dass der Verteidigungshaushalt nicht öffentlich sei. Nach meinen Hinweisen schrieb Wolfgang Koydl am 12. Dezember 1998 in der *Süddeutschen Zeitung:* „Cyperns Wehretat ist geheim – das verletzt EU-Prinzipien". Und tatsächlich dürften die Militärausgaben der griechischen Republik im Süden Zyperns in dieser Zeit „Militärverausgabungen" gewesen sein. Schätzungsweise gut ein Viertel des Gesamtetats flossen Ende der 1990er Jahre im Süden Zyperns in die Auf- und Umrüstung, sodass 1999 zum ersten Mal die so genannten Maastricht-Kriterien nicht mehr erfüllt werden konnten.

Sommer 1996 – Feuer in der Pufferzone, Krise auf Zypern

„Es begann als Friedensfahrt von Berlin nach Nikosia, es endete als Tragödie, die wir alle nicht gewollt haben", so schilderte mir ein Zyperngrieche seine Sicht der Geschehnisse des Sommers 1996. Extrem aufgeheizt war die Situation in diesem Sommer ohnehin. So wurde bekannt, dass in der Nationalgarde Südzyperns T-Shirts mit der Aufschrift „Ein guter Türke, ist ein toter Türke" die Runde machten. Und auch die zyperngriechische Zeitung *Haravgi* zitiert einen Hochschuldirektor mit den Worten: „Der beste Türke ist ein toter Türke." Die Lehrervereinigung, so die zyperngriechische Tageszeitung *Alithia*, bekannte sich zu dieser Aussage und nahm den Lehrer in Schutz. „Die Worte dieses Lehrers entsprechen der Linie unseres Erziehungssystems." So jedenfalls steht es in einer Broschüre des Außen- und Verteidigungsministeriums der TRNC geschrieben. Die Existenz der T-Shirts mit dem rassistischen Aufdruck wurde auch von neutralen Quellen mehrfach angesprochen. Im Sommer 1996 planten so genannte „Biker"[132] eine Friedensfahrt von Berlin nach Nikosia um gegen die unnatürliche Teilung der Insel zu demonstrieren. Dieses Vorhaben wurde von der Regierung Südzyperns finanziell unterstützt und selbst Erzbischof Chrysostomos und Präsident Klerides ließen sich auf Motorrädern ablichten. Die Warnungen des UNO-Generalsekretärs, die Demonstrationen von der Pufferzone fern zu halten und dort zu verbieten wurden anfangs

---

[132] Die Biker-Proteste haben im Süden Zyperns mittlerweile Tradition. Auch im Sommer 2018 mussten die Grenzübergänge bei Nikosia stundenweise geschlossen werden, weil an der Grenze Motorradfahrer protestierten.

ignoriert. Erst in letzter Minute lenkte Nikosia ein und verbat die Aktion an der Grenze. Die Polizei ließ die Demonstranten aber gewähren. Am 11. August 1996 eskalierten die Proteste in der Pufferzone bei Dhekelia, als etwa 200 Demonstranten in die Pufferzone eindrangen. Sie skandierten rassistische Slogans, schwenkten griechische und zyperngriechische Flaggen[133] und ein Parlamentsabgeordneter legte sogar im Niemandsland Feuer. Die UNO-Blauhelme, selbst nur unzureichend bewaffnet, versuchten die Demonstranten zurückzudrängen, waren aber hilflos, zumal ihr eigenes Gerät von den randalierenden Griechen angegriffen wurde. Ein Demonstrant hing sich gar an einen Beobachtungshelikopter der Vereinten Nationen. Auf der anderen Seite gab es Protestaktionen von türkischen Nationalisten, die von den Protesten der Griechen wussten und nur darauf warteten, sich eine Schlacht liefern zu können. Auch sie konnten vom türkischen Militär nicht zurückgehalten werden. So musste die Öffentlichkeit hilflos zusehen, wie ein 24-jähriger Zyperngrieche von türkischen Randalierern erschlagen wurde.

Die Situation spitzte sich zu, die Blauhelme wurden in höchste Alarmbereitschaft versetzt, Athen warf der TRNC „Barbarei" vor. Am 14. August wurde der Zyperngrieche unter großer Anteilnahme der zyperngriechischen Bevölkerung beigesetzt. Seinen Sarg zierte eine griechische Flagge, Kostas Simitis, der griechische Ministerpräsident, besuchte umgehend die Insel. Die Lage war extrem angespannt, die Aggressionen auf beiden Seiten spürbar. Die Zypern-

---

[133] Es existiert ein Bilddokument, das einen Zyperngriechen zeigt, der auf seiner Fahne „Fuck Turkey" geschrieben stehen hat.

türken waren in diesen Tagen wie gelähmt. Sie bedauerten den Tod des Inselgriechen, hatten ihn doch Fanatiker aus der Türkei zu Tode geprügelt, es waren jedoch (vgl. Nachrichtenmagazin „FOCUS" vom 19. August 1996) in der Presse die Zyperntürken für die Auseinandersetzungen gerügt worden. Die Aggressionen aber gingen eindeutig von fanatischen Griechen aus, die von ihrer eigenen Regierung Rückendeckung und Unterstützung bekommen hatten. So spricht Wolfgang Koydls Titel über einer Reportage am 22. August 1996 sicherlich auch einen Punkt an, der nur allzu oft verschwiegen wurde. Er titelte: „Die Märtyrer von Reihe N". Die türkische Armee machte deutlich, jede Grenzverletzung militärisch zu sanktionieren.

Nach den Trauerfeierlichkeiten verlangten Angehörige in der Pufferzone einen Kranz niederlegen zu dürfen. Die Blauhelme lehnten mit Hinblick auf die angespannte Sicherheitslage ab, willigten schlussendlich aber doch ein. Es kam zu weiteren wütenden Auseinandersetzungen. Ein Cousin des Erschlagenen brach aus der Gruppe der Demonstranten aus und überwand auch einen Posten der Blauhelme. Er versuchte einen türkischen Fahnenmasten zu erklimmen und die türkische Fahne herunter zu reißen. Dabei wurde er gezielt erschossen. Die türkische Außenministerin Tansu Çiller (DYP) erklärte daraufhin, man werde jedem „die Hand brechen", der sich an der türkischen Fahne vergehe. Der Mord sorgte freilich für diplomatische Verstimmungen schärfster Gangart. Die Türkei wurde für diese Tötung heftig kritisiert, in der TRNC machte man bedauernd darauf aufmerksam, dass die Zyperngriechen durch ihre aggressiven Demonstrationen in der Pufferzone erst dafür gesorgt hatten, dass es so weit gekommen war. Glücklicherweise waren dies bislang die letzten Auseinandersetzungen an der Pufferzone. Seit 2003 die Grenzen geöffnet wurden, hat sich die Lage deutlich entspannt. Allerdings vermelden Zyperntürken immer wieder Angriffe auf ihre Fahrzeuge im Süden (die Nummernschilder lassen türkisch-zyprische Autos erkennen).

Die weitere politische Entwicklung bis 2018

Im Februar 2000 traf Rauf Denktaş den deutschen Außenminister Joschka Fischer. Dabei handelte es sich um keinen offiziellen Empfang in Deutschland, man traf in Hamburg zusammen. Wolfgang Koydl schrieb in der *Süddeutschen Zeitung* vom 17. April 2000: „Das Treffen mit Fischer Anfang des Jahres bedeutete einen der politischen Höhepunkte in Denktasch' Leben." Und tatsächlich dürfte dieses Treffen eine Art Anerkennung gewesen sein, dass die Regierung Südzyperns keinen Alleinvertretungsanspruch auf Gesamtzypern hat. Die GRÜNEN (auch auf Europa-Ebene) gelten ohnehin als eine den Zyperntürken offener zugewandte Partei.[134]

Im April 2000 wurde Denktaş im zweiten Wahlgang erneut zum Staatspräsidenten gewählt (s.o.). Sein UBP-Widersacher Eroğli zog sich vor der Stichwahl zurück. Der Sommer 2000 war geprägt von einer schweren Bankenkrise in der TRNC, die viele Beobachter

---

[134] Auch die heutige Bundestagsvizepräsidentin Claudia Roth besuchte den Norden Zyperns. Die politischen Verhältnisse in der Türkei heute treffen aber auch die Zyperntürken, da eine Bewertung durch die deutschen Parteien selten eine scharfe Trennung zwischen türkischer und türkischzyprischer Politik macht.

vermuten ließ, das Verhältnis zwischen der TRNC und der türkischen Schutzmacht habe „Risse"[135] erlitten. Es kam zu Protesten gegen die Regierun Eroğlu, aber auch der Rücktritt des Staatsoberhauptes wurde gefordert. Eine Menge Demonstranten stürmte das Parlament in Lefkoşa und forderte einen raschen finanziellen Ausgleich für die erlittenen Schäden. Rund ein Viertel der Anleger waren um ihre Ersparnisse gebracht worden. Die Türkei gewährte den Zyperntürken aber im Rahmen eines Wirtschaftsprogramms finanzielle Hilfe, sodass die Krise beigelegt werden konnte. Jahre später wurde im Rahmen der großen Banken- und Finanzkrise dann der Inselsüden von einer heftigen Bankenkrise heimgesucht. 2011 wurde der Norden von der Finanzkrise weitgehend verschont.

Bei Gesprächen mit Außenminister Tahsin Ertuğruloğlu (UBP) brachte ich damals zur Sprache, dass die schlechte wirtschaftliche Lage eines Tages zum größten Hindernis für die Inseltürken werden würde. Tatsache ist, dass die TRNC heute zwar davon entfernt ist, den wirtschaftlichen Standard im Süden Zyperns zu erreichen, die Kluft zwischen beiden Seiten aber ist seit der Grenzöffnung geringer geworden.

Eine Umfrage im Jahr 2000 unter den Zyperngriechen ergab, dass diese eine Lösung im Sinne einer bi-zonalen Partnerschaft mehrheitlich nicht anstreben. Noch immer fordern die meisten Zyperngriechen eine Insel unter ihrer Oberhoheit.

---

[135] Süddeutsche Zeitung vom 27.07.2000.

__EU-Beitritt des Südens: Fluch und Segen__

Als die EU 1995 mit der Türkei eine Zoll-Union eingehen wollte, wurde sie von Athen erpresst. Griechenland wollte einer solchen Union erst zustimmen, wenn der Republik Zypern die Aufnahme zugesichert wurde. Die EU, gezwungen durch das Prinzip der Einstimmigkeit in diesen Fragen, stimmte dem Kuhhandel zu. Wirtschaftlich sprach nichts gegen eine Aufnahme der Zypernrepublik. Sie war in den 1990er Jahren ein „Musterknabe"; die Maastrichtkriterien wurden problemlos fast immer erfüllt. Viele Stimmen aber sprachen sich gegen einen EU-Beitritt aus, ehe das Zypern-Problem gelöst würde. Bei einem EU-Gipfel in Helsinki Ende 1999 wurde der Türkei der Status eines Beitrittskandidaten verliehen und gleichzeitig wurde Zypern die Aufnahme garantiert – also auch ohne Beilegung des Konflikts. Der griechischzyprische Unterhändler Vassiliou verhandelte mit der EU, aber als Vertreter der gesamten Insel. Für die TRNC war dies nicht hinnehmbar und das Verhältnis zur EU von Anfang an belastet. Im Mai 2004 war für den Inselsüden der „große Tag" gekommen: Die EU-Aufnahme erfolgte. Ganz Zypern ist seitdem Teil der Union, auch wenn die EU-Gesetzgebung nur im Süden angewendet wird und der Euro nur im Süden offizielles staatliches Zahlungsmittel ist. Nur wenige Tage vor der EU-Aufnahme kam es zu einer Abstimmung über einen weiteren Friedensplan. Dieser ging als „Annan-Plan" in die zyprische Geschichte ein. Er basierte auf den Leitlinien, die einst Denktaş und Makarios ausgearbeitet hatten. Er sah die Reduzierung des türkischzyprischen Territoriums vor. Im Norden sprachen sich UBP (zu dieser Zeit in der Opposition) und Staatspräsident Denktaş gegen den Plan aus. Die Regierung unter Mehmet Ali Talat (CTP) befürwortete ihn. Die Aussichten, bald auch im Norden die Vorteile der EU-Mitgliedschaft genießen zu können, zogen viele Menschen auf die Straßen. Bei Pro-EU-Kundgebungen im Norden war die Aufbruchstimmung spürbar. Der Norden stimmt dem „Annan-Plan" am Ende auch mehrheitlich mit knapp 66 Prozent zu. Im Süden aber wetterte Staatspräsident Tassos Papadopoulos gegen den Plan. Jedes auch noch so kleine Eingeständnis an den Norden erschien zu viel. Man war als Regierung Gesamtzyperns anerkannt und die EU-Aufnahme stand kurz bevor. Es gab aus Sicht der Regierung Südzyperns keine Veranlassung, einen Kompromiss einzugehen. Im Süden stimmten am Ende bei dem Referendum am 24. April 2004 über 76 Prozent gegen den „Annan-Plan". Zwar hatten führende EU-Politiker, darunter auch der damalige deutsche Außenminister Joschka Fischer, immer wieder betont, dass bei einer Ablehnung des Plans durch die griechischzyprische Seite der Inselnorden nicht „bestraft" werden dürfte, die in Aussicht gestellten Wirtschaftserleichterungen aber blieben weitgehend aus. Die „Green Line Regulations" waren keine wesentliche Verbesserung für Nordzypern und die internationalen Embargos blieben auch nach dem EU-Beitritt des Südens bestehen. Zwar finanzierte die EU zahlreiche Aufbauprojekte in den Altstädten von Nikosia (Nord) und Famagusta, aber die täglichen Einschränkungen blieben. Noch immer kann vom Flughafen Ercan aus nicht direkt nach Europa geflogen werden, noch immer dürfen türkischzyprische Sportmannschaften an internationalen Wettbewerben nicht teilnehmen und noch immer ist die Wirtschaft isoliert.

Der Insel Zypern stehen sechs Abgeordnete im EU-Parlament zu. Zwei davon sollen türkische Zyprer sein. Da die TRNC aber nicht anerkannt wird, besetzen seit Beginn der EU-Mitgliedschaft die Zyperngriechen alle sechs Sitze. Auch Klagen der zyperntürkischen Seite blieben bislang erfolglos.

2005 - 2018

Im April 2005 wurde im Norden Zyperns ein neues Staatsoberhaupt gewählt. Es war das Ende einer Ära, denn Staatsgründer Rauf Denktaş trat nicht mehr an. Der damals 81-Jährige betonte in einem Gespräch mir gegenüber zwar, dass er gute Chancen gehabt hätte, auch die Wahlen 2005 zu gewinnen, aber aus Altersgründen zurückgesteckt habe. Zudem sei es ihm zur Last gefallen, dass man in der Türkei gegen ihn zürnte, weil er mit seinem „Nein" zum Annan-Plan den EU-Beitritt der Türkei gefährdet habe. Etwas, das durch die Politik des heutigen türkischen Staatspräsidenten weniger ins Gewicht gefallen wäre. Denktaş betonte, er habe seinen Gegnern auf beiden Seiten der innerzyprischen Grenze und auch in Brüssel und New York, das Argument rauben wollen, er wäre der einzige Hemmschuh in der Zypernfrage.[136] Denktaş blieb weiterhin aktiv als Rat- und Impulsgeber der politischen Entscheider tätig.[137] Die Wahlen im April 2005 entschied Mehmet Ali Talat - zu dieser Zeit Ministerpräsident - bereits im ersten Wahlgang (56 Prozent) für sich. Sein Gegenkandidat, Ex-Premier Eroğlu erklärte seinen Ausstieg aus der aktiven Politik (auch wenn dies nicht lange vorhielt). Ferdi Sabit Soyer, CTP-Abgeordneter aus Famagusta, übernahm das Amt des Ministerpräsidenten.

---

[136] Uli Piller, „Rauf Denktas - Sein Leben für Nordzypern", S. 224ff

[137] Im Januar 2012 starb der Staatsgründer im Alter von 87 Jahren. Bis heute wird er verehrt als derjenige, der kompromisslos, aber klar und nachvollziehbar den inseltürkischen Standpunkt verdeutlichte.

Die Wahl Talats zum Staatspräsidenten gab allen, die eine Lösung der Zypernfrage erspähten, wieder Hoffnung. Die europäischen Zeitungen erkannten eine Aufbruchstimmung. Die *Süddeutsche Zeitung* schrieb am 21. März 2005: „Erstmals werden die Zypern-Türken von einem Mann repräsentiert, der eine Wiedervereinigung verlangt." Der abgetretene Rauf Denktaş mahnte, dass auch Talat keine Lösung erreichen werde, denn die griechische Seite sei nicht kompromissbereit, würden die türkischen „roten Linien" nicht anerkennen. Und er sollte Recht behalten. Die Euphorie aber nahm sogar noch einmal zu, als 2008 Tassos Papadopoulos[138] im Süden die Präsidentschaftswahlen gegen den von der linken AKEL unterstützten Kandidaten Dimitrios Christophias verlor. Der neue Staatspräsident und Talat schienen gut miteinander zu können und viel sprach für eine mögliche Einigung. Aber alle Gesprächsrunden und Gipfel scheiterten. Talats anfängliche Euphorie schlug bald in Frustration um und die Zyperntürken wandten sich von der EU wieder ab. Es gab weder Erleichterungen im Hinblick auf eine wirtschaftliche Öffnung, noch kam es zu größeren Annäherungen in einzelnen Sachfragen. Die großen Hindernisse blieben die Frage der Gleichberechtigung der beiden Staatsvölker (eigentlich Grundlage der Verfassung von 1959/60), die Regierungsform (starke oder schwache Zentralregierung), die Territorialfrage (der Süden hätte die Region Güzelyurt / Morphou gerne komplett im griechischen Kanton gewusst), sowie die Garantiefrage (der Norden konnte und kann nicht auf Garantien durch Ankara verzichten). Im Süden erklärte man ge-

---

[138] Papadopoulos, der vor allem wegen seines harschen „Nein" zum Annan-Plan bekannt wurde, starb nur wenige Monate nach der Wahlniederlage.

rade in Bezug auf den letzten Punkt, dass die EU die Schutzmacht sein würde, wenn Zypern geeint sei und alle türkischen Soldaten die Insel verlassen, die Vereinten Nationen ihre Mission beendet hätten und ein Garantiesystem für Ankara - das man im Süden als Bedrohung empfindet - abgeschafft worden wäre. Die EU aber war für den Norden kein Sicherheitsanker. Sie stand an der Seite des Mitglieds „Zypern" und das wurde ausschließlich vom griechischen Süden gebildet und vertreten. Die EU hatte sich von Anfang an einseitig verhalten und die Versprechungen, dass die Zustimmung zum Annan-Plan positive Auswirkungen für den Norden haben würden, verpufften am Vetorecht des Südens (zusammen mit dem Griechenlands).

Die Verhandlungen und Gespräche führten in eine Sackgasse. Das Verhältnis zwischen Nord und Süd wurde wieder schlechter. Mehmet Ali Talat kämpfte verzweifelt um Zustimmung zu seinen Annäherungsversuchen, wurde dabei aber auch innerhalb der eigenen Bevölkerungsgruppe immer weniger anerkannt. Auch seine Versuche, seine (ehemalige)[139] Partei, die CTP, innerhalb der europäischen Sozialdemokratie besser zu verankern, um so eine Plattform zu gewinnen, den inseltürkischen Standpunkt zu verdeutlichen, scheiterten letztendlich.

Im April 2010 standen erneut Präsidentschaftswahlen an und alles deutete auf eine Niederlage Talats hin. In der Zwischenzeit hatte seine CTP bereits die Mehrheit im Parlament wieder verloren. UBP-Chef Ertuğruloğlu allerdings war nicht der Nutznießer der Si-

---

[139] Staatspräsidenten in Nordzypern sind qua Amt parteilos.

tuation. Er hatte die UBP zwar wieder zur stärksten Partei gemacht, wurde aber vor den Wahlen bereits ersetzt. Der bereits abgetretene Derviş Eroğlu war aus der politischen Versenkung aufgetaucht und übernahm erneut das Ruder. Er wurde erneut Ministerpräsident und sollte die UBP auch ins Präsidentschaftsrennen führen. Dies hatte den ehemaligen Außenminister und Parteichef Tahsin Ertuğruloğlu so erbost, dass er als innerparteilicher Gegenkandidat antrat und ebenfalls bei den Präsidentschaftswahlen zur Verfügung stand, zumal Eroğlu ihn auch nicht im Kabinett berücksichtigt hatte.[140] Dies schwächte die national-konservative Seite aber nicht deutlich. Eroğlu holte im ersten Wahlgang die absolute Mehrheit. Talat musste sich mit 42 Prozent zufriedengeben und der unabhängige Ertuğruloğlu kam auf knapp drei Prozent. Die Presse erkannte einen „Rechtsruck" auf Nordzypern und befürchtete das Ende aller Gesprächsbemühungen. „Frust der Zyprioten", so titelte die *Süddeutsche Zeitung* am 20. April 2010 nach der Wahl und weiter heißt es: „Nun wird es erst mal gar nichts werden mit einem vereinten Zypern, weil die Türken auf der Insel ihrer Wut an der Wahlurne freien Lauf gelassen haben". Tatsache ist, dass Brüssel wenig Druck auf den Süden ausgeübt hatte, Entgegenkommen zu zeigen.

Die Gespräche zwischen dem neuen Präsidenten Eroğlu und Christophias blieben ohne jedes Ergebnis. Im Januar 2012 starb Rauf Denktaş in Nikosia. Damit verlor der Norden Zyperns seinen

---

[140] Was ihm den Ausschluss aus der UBP einbrachte. Er gründete eine eigene Partei (DGP) und blieb deren einziger Abgeordneter. Später kehrte er in die UBP zurück.

Staatsgründer und den wichtigsten Impulsgeber. Tausende Inseltürken nahmen im Rahmen eines Trauermarsches Abschied vom im Volk noch immer beliebten Staatspräsidenten „außer Dienst".

Im Februar 2013 gewann der gemäßigt konservative Nikos Anastasiadis (DISY) die Präsidentschaftswahlen im Süden - mitten in der Bankenkrise. Nur wenige Wochen nach Amtsantritt sah er sich mit Vorwürfen konfrontiert, in Insiderhandelgeschäfte verstrickt gewesen zu sein. Die schwere Bankenkrise im Süden Zyperns ließ die Zypernfrage für einige Zeit außen vor. Aber auch, als Dank Milliarden-Hilfen u.a. aus Russland die Krise überwunden werden konnte, kamen die Gespräche nicht wieder in Fahrt. Die konservative Regierung Nordzyperns unter UBP-Premier Irsen Küçük verlor eine Vertrauensabstimmung im Parlament und die Konservativen waren ab Juni 2013 wieder in der Opposition. Premierministerin - als erste Frau auf dem Posten - wurde Sibel Siber von der sozialdemokratischen CTP. Die neue Regierung wollte den Präsidenten erneut drängen, Verhandlungen zu führen. Eine Grundfrage aber dabei war von Anfang strittig: Während die Zyperngriechen - wohl auch aus taktischen Überlegungen heraus - keine zeitliche Begrenzung für Gespräche wollten, bestanden vor allem die konservativen politischen Kräfte im Norden auf einen klaren Zeitplan. „Wir können nicht weitere fünf Jahrzehnte vergeuden und ohne Ende verhandeln", sagte mir in diesem Zusammenhang der damalige Oppositionspolitiker Tahsin Ertuğruloğlu bei einem Gespräch.

Eine neuerliche Wendung nahm die Entwicklung Anfang 2015, als im Norden Zyperns Präsidentschaftswahlen anstanden. Nach Denktaş, Talat und Eroğlu galt es den vierten Staatschef der TRNC zu bestimmen. Zwar galt Eroğlu als Favorit, seine Verhandlungsführung mit dem griechischen Teil aber überzeugte viele nicht, zudem war mit Kudret Özersay - seinem ehemaligen Berater - ein gemäßigt konservativer, junger und gewandter Politiker aufs Parkett getreten war, der viele Wähler ansprach. Er holte im ersten Wahlgang über 20 Prozent der Stimmen und erhielt damit nur etwas weniger Zuspruch als die CTP-Bewerberin Sibel Siber. Beide schafften es aber nicht in die Stichwahl. Der ehemalige Bürgermeister und TDP-Politiker Mustafa Akinci wurde hinter Eroğlu Zweiter und zwang den Amtsinhaber in die Stichwahl. Die politische Wechselstimmung war spürbar und innerhalb der türkischzyprischen Volksgruppe war auch eine gewisse Abkehr zur Politik Ankaras spürbar. Da Derviş Eroğlu mit seiner UBP für eine deutliche Nähe zur Türkei stand und die CTP für die Unterstützung des Bewerbers aus dem linken Spektrum warb, konnte Akinci die Stichwahl mit 60,5 Prozent für sich entscheiden. Nach Angaben der *Süddeutschen Zeitung* vom 25. April habe der Präsident Südzyperns dem neuen Präsidenten zur Wahl gratuliert und den „Wunsch nach einer echten Wiedervereinigung" bekundet. Nach Ansicht von Christiane Schlötzer, die für die *Süddeutsche Zeitung* den Wahlausgang kommentierte, könne Akinci die „Linie der Versöhnung glaubhaft" vertreten. Im Juli desselben Jahres zerbrach die Regierung erneut. CTP-Ministerpräsident Yorgancioğlu trat zurück. Es hatte zuvor Konflikte innerhalb der Partei gegeben. Ömer Kalyoncu, ein CTP-Abgeordneter aus der Region Girne, wurde von Akinci beauftragt, die Regierung zu führen. Man ging eine große Koalition mit der UBP ein. Anfang 2016 kam es zu innerparteilichen Unruhen in der Demokratischen Partei von Serdar Denktaş. Sie verlor Abgeordnete, die sich der UBP anschlossen, sodass diese auf 18 Abgeordnete kam, die Partei von Premier Kalyoncu verfügte noch über 20 Sitze. Im März 2016, knapp einem Jahr nach der Wahl von Mustafa Akinci zum Staatschef, gelang es der UBP eine Regierung mit der DP auf die Beine zu stellen und verließ die Koalition mit der CTP. Neuer Premier wurde UBP-Chef Özgürgün, ins Außenministerium kehrte mit Tahsin Ertuğruloğlu (ebenfalls UBP) ein Politiker zurück, der für klare Abgrenzung zu den Inselgriechen stand. Die Vereinten Nationen unter Generalsekretär Ban Ki Moon sollten wieder eine aktivere Rolle der Vermittlungen einnehmen. Akinci warb in New York im Rahmen der Vollversammlung im Herbst 2016 für den inseltürkischen Standpunkt. Die Rolle als Minderheit würde das gleichberechtigte Partnervolk nicht einnehmen, da dies auch von der Verfassung von 1959/60 her nicht vorgesehen war. In New York traf Akinci die Außenminister von Großbritannien und Deutschland, Johnson und Steinmeier. Bei beiden warb er um eine aktivere Rolle ihrer Länder für die Zypern-Gespräche. Der Anlauf zur Überwindung der Teilung aber scheitere erneut. Im November wollte sich die griechische Seite weiter beraten und brach einen Gipfel in der Schweiz ab. Akinci äußerte sich enttäuscht über die Entwicklung.

Die Verhandlungen zwischen den Inselgriechen und -türken gestalteten sich schwierig. Erneut wurde bereits die Erstellung von Leitlinien zur Verhandlungsführung zu einem Zankapfel, da die türkische Seite weiterhin nicht akzeptieren konnte, dass es keinen Terminplan geben würde. Im Sommer 2016 aber gelang Akinci und Anastasiadis dann ein kleiner Durchbruch: Die beiden sollten mehrmals in den Sommermonaten zusammenkommen. Auch die heiklen Themen wie die Garantiefrage (Südzypern lehnt jede Form türkischer Garantien für Nordzypern strikt ab, Nordzypern kann auf diese Garantien aus historischer Erfahrung heraus nicht verzichten), der Territorialfrage und der künftigen Regierung sollten auf die Agenda kommen.

International flammte da wieder die Hoffnung auf, dass die Gespräche nun erneut zum Laufen gebracht werden könnten. Akinci und sein inselgriechischer Amtskollege aber konnten sich erneut nicht einigen. Es dauerte bis zum Frühjahr 2017, ehe ein weiterer Anlauf unternommen werden konnte, die festgefahrenen Verhandlungen noch einmal ins Laufen zu bekommen. Während eines groß angelegten Gipfels in Crans Montana (Schweiz), an dem auch die Mutterländer und Vertreter Großbritanniens teilnehmen sollten, wurde der Versuch unternommen, die Teilung endgültig zu überwinden. Beobachter aber vermuteten auch hier von Anfang an ein Scheitern. Dass das Vereinte Königreich nur Außenminister Boris Johnson entsandte wurde als klares Zeichen dafür gewertet, dass die Verhandlungen als nicht besonders hoffnungsvoll betrachtet wurden. Nordzypern war bei den Gesprächen mit Staatspräsident Akinci vertreten, der aber neben seinem Chef-Unterhändler, Ex-Außenminister Özdil Nami, noch eine ganze Delegation der Regierung mit in Crans Montana hatte. So waren unter anderem DP-Chef Denktaş und für die UBP Außenminister Ertuğruloğlu anwesend.

Wie unter anderem die *WELT*[141] berichtete, hat Ankara im Rahmen der Verhandlungen einen Truppenabzug in Aussicht gestellt (bis auf ein kleines Truppenkontingent, das nach der Verfassung von 1959/60 auch zugebilligt worden war). Dies aber reichte dem Inselsüden nicht. Zudem war zwischen der Regierung Nordzyperns und dem Präsident ein Streit entbrannt, weil der Präsident nach Ansicht der konservativen Regierung zu größeren Zugeständnissen bereit gewesen sei, als vereinbart. Konkret ging es um Territorialfragen. Nach der zweiten Runde scheiterte auch dieser von allen Seiten als „letzte Chance" bewertete Anlauf. VN-Generalsekretär Antonia Guterres sagte, beide Seiten hätten sich nicht einigen können. Internationale und unabhängige Beobachter aber erklärten, dass es von der griechischzyprischen Verhandlungsführung rund um Präsident Anastasiades keinerlei Entgegenkommen gegeben habe. Man habe die Ansprüche der Inseltürken, dass es eine wie auch immer geartete

---

[141] Die Welt, 29. Juni 2017.

Garantiemachtstellung für Ankara geben müsse, kategorisch abgelehnt. Zudem sei deutlich geworden, so erklärte TRNC-Außenminister Ertuğruloğlu im persönlichen Gespräch im Herbst, dass der Inselsüden nicht auf die Stellung als „Regierung Zyperns" verzichten und die Türken Zyperns ausschließlich als Minderheit anerkennen wollte. Für Gerd Höhler und das *Handelsblatt* allerdings liegt die Verantwortung „vor allem bei der Türkei"[142]. So titelt das Blatt: „Ankara zementiert Teilung Zyperns." Dabei bleibt wie sooft außen vor, dass vom Süden keinerlei Kompromissbereitschaft eingefordert, dass die Genese des Konflikts vor 1974 einfach ausgeblendet und der Status für die türkischen Zyprer als gleichberechtigtes Staatsvolk in der Regel ignoriert wurde.

Nach dem Scheitern des Gipfels zogen sich die Zyperntürken zurück. Auch der so offene Staatschef Akinci bekräftigte: Einen neuen Anlauf wird es nicht mehr geben, wenn die Modalitäten die immer gleichen sind. Verhandlungen ohne Zeitrahmen, die lediglich dazu dienen, der Weltöffentlichkeit den Eindruck vorzuspielen, der Inselsüden sei ja bereit, im Norden und vor allem in Ankara sei man aber zu nichts bereit und daher liege die Verantwortung für das Scheitern bei der türkischen Seite, dürfte es nicht mehr geben.

---

[142] Das Handelsblatt, 7.7.2017.

4. Schlussbemerkungen

Zypern ist weiterhin eine geteilte Insel. Die Weltöffentlichkeit versteht dies als Folge der türkischen Militäroperation von 1974, erkennt die Regierung im Süden Zyperns als Regierung der gesamten Insel an. Diese spricht von „besetzten Gebieten", meint sie den Norden. Wenig wird unternommen, die Mauern in den Köpfen einzureißen. Gestritten wird um die Garantiefrage. Für den Süden ist die Vorstellung, dass es wieder eine Art Garantievertrag geben könnte, den Ankara zur „Invasion" nutzen würde, nicht akzeptabel. Dagegen ist genau dieser Punkt für den Norden von größter Bedeutung. Weder die Vereinten Nationen, noch die europäischen Staaten haben der inseltürkischen Bevölkerung in der Zeit von 1963 bis 1974 in irgendeiner Form beigestanden. Sie fühlen sich bis heute von den internationalen Institutionen verraten. Trotz aller Differenzen, die es mit der türkischen Regierung in manchen Fragen gab und gibt: Ankara ist für Nordzypern der einzige verlässliche Partner. Die finanzielle Abhängigkeit vom türkischen Mutterland wird auf Nordzypern ebenso beklagt, wie international. Die Verantwortung dafür aber tragen diejenigen, die weiterhin alles daran setzen, dass wirtschaftliche Embargos eine Weiterentwicklung Nordzyperns nicht möglich ist.

Noch immer ist der Süden EU-Mitglied für die ganze Insel. Die inseltürkischen Vertreter im EU-Parlament werden durch griechische Zyprer ersetzt. Die Versuche der Regierung Südzyperns, Erdgasvorräte vor der Insel alleine und ohne Beteiligung der Zyperntürken auszubeuten, bergen enormes Konfliktpotenzial. Schon einmal hatte der Norden vorgeschlagen, diese Erdgasvorräte gemeinsam und erst nach einer Lösung auszubeuten. Der Süden lehnte ab.

Grundübel ist, dass auf eine der beiden Seiten keinerlei internationaler Druck ausgeübt wird, Kompromissbereitschaft zu zeigen. Dass es die Regierung Südzyperns einst war, die mit dem Akritas-Plan (Anhang) die Verfassung aushebelte und den türkischen Zyprern den Status als Partner raubte: vergessen. Dass die türkischen Zyprer nicht die Sommer-Ereignisse von 1974 initiierten: ohne Bedeutung. Der Konflikt wird lediglich auf die Militäroperation Ankaras von 1974 reduziert.

Solange sich an dieser einfachen Analyse durch die Weltgemeinschaft nichts ändert, solange wird es keine Lösung geben. Dies steht jedenfalls zu befürchten.

Eine Lösung, die dauerhafte Stabilität versprechen würde, den Abzug der VN-Truppen ermöglichen würde und auch die Abhängigkeit des Nordens von Ankara verringern helfen könnte, wäre die internationale Anerkennung Nordzyperns durch die Staatengemeinschaft. Aber dazu wäre ein fundamentales Umdenken notwendig.

<u>**Der Akritas-Plan**</u>

Der Akritas-Plan liegt in vielen Übersetzungen vor. Glafkos Klerides hat ihn, unterschiedlichen Angaben zufolge, als erster veröffentlicht und 1971 seine Echtheit bestätigt. Auszüge und Abdrücke publizierten unter anderem Uwe Berner und Rauf Denktaş. In der hier abgedruckten Fassung stütze ich mich auf die deutsche Übersetzung in Rauf Denktaş' und Christian Heinzes Werk „Zum Zypernkonflikt 1987/88". Die Autoren benutzten eine Übersetzung des 1978 veröffentlichten Dokuments der VN. Ich habe sie erstmals in meiner Arbeit über Denktaş aus dem Jahr 2006 zitiert.

Akritas-Plan
Offizielle Drucksache der UN-Generalversammlung und des Sicherheitsrats Nr. A/33/115 und S/12722 vom 30. Mai 1978

Streng geheim. / Hauptquartier.

Erklärungen des Erzbischofs Makarios aus jüngster Zeit haben den Gang bezeichnet, den unser nationales Anliegen in der nahen Zukunft nehmen wird. Wie wir in der Vergangenheit hervorgehoben haben, können nationale Bestrebungen nicht über Nacht ihrem Ziele zugeführt werden; es ist auch nicht möglich, bestimmte zeitliche Ziele für die Vollendung der verschiedenen Stadien der Entwicklung nationaler Angelegenheiten festzulegen. Unser nationales Problem muss im Licht der Entwicklung und der Bedingungen gesehen werden, die sich von Zeit zu Zeit ergeben, und die zu ergreifenden Maßnahmen sowie ihre Ausführung und ihre zeitliche Planung müssen auf die internen und externen politischen Bedingungen abgestimmt sein. Der ganze Prozess ist schwierig und muss durch verschiedene Stufen hindurchgehen, weil zahlreiche und unterschiedliche Faktoren das endgültige Ergebnis bestimmen. Es genügt jedoch für alle zu wissen, dass jeder zu unternehmende Schritt das Resultat von Überlegungen darstellt und dass er zugleich die Grundlage für zukünftige Maßnahmen bildet. Es genügt auch zu wissen, dass die jeweils erwogene Maßnahme einen ersten Schritt darstellt und nur als Durchgangsstadium anzusehen ist zu dem letztendlichen und unabänderlichen nationalen Ziel der vollen und bedingungslosen Anwendung des Selbstbestimmungsrechts[143].

Da dieses oberste Ziel unverändert bleibt, ist es die Methode der Erreichung dieses Ziels, mit der wir uns befassen müssen. Hinsichtlich der Methode müssen notwendig interne und externe (internationale) Taktiken unterschieden werden, denn die Methoden der Präsentation und der Behandlung unseres Interesses sind innerhalb und außerhalb unseres Landes unterschiedlich.

A. Die außerhalb Zyperns anzuwendende Methode.

In den letzten Entwicklungsstadien des EOK-Kampfes war das Zypern-Problem der öffentlichen Weltmeinung und diplomatischen Kreisen gegenüber dargestellt worden als der Anspruch des zyprischen Volks[144] auf Ausübung des Selbstbestimmungsrechts. Aber die Frage der türkischen Minderheit[145] stellte sich unter bekannten Umständen, als interkommunale Zusammenstöße stattfanden, und es war versucht worden, die Überzeugung zu vermitteln, dass die beiden Volksgruppen nicht unter einer einheitlichen Verwaltung zusammenleben können. Schließlich wurde das Problem in den Augen vieler internationaler Kreise durch die Verträge von London und Zü-

---

143 Womit verklausuliert die Union (Enosis) mit Griechenland gemeint sein dürfte.

144 Womit in der Regel ausschließlich die zyperngriechische Volksgruppe gemeint sein dürfte.

145 Die Anerkennung als zweites Staatsvolk wird in diesem Plan verweigert.

rich gelöst. Es schien, als hätten diese Verträge das Problem auf Grund von Verhandlungen und Vereinbarungen zwischen Streitparteien gelöst.

a) Infolgedessen war es unser erstes Ziel, im internationalen Bereich den Eindruck zu erwecken, dass das Zypern-Problem nicht gelöst war, sondern dass es neu durchdacht werden musste.

b) Es ist anerkanntes Hauptziel, die folgenden Eindrücke zu erwecken[146]:

1. dass die gefundene Lösung weder befriedigend noch gerecht ist;

2. dass die erreichten Vereinbarungen nicht das Resultat freier Willensbildung der Streitparteien darstellen;[147]

3. dass der Anspruch auf eine Revision der Vereinbarungen nicht auf irgendeinen Wunsch der Griechen zurückgeht, ihre Unterschrift nicht anzuerkennen, sondern dass er eine zwingende Lebensnotwendigkeit für sie darstellt;

---

[146] Kommentierende Anmerkung: Wer einen Eindruck erwecken will, dass etwas anders sei, als es ist, erkennt aber die Richtigkeit des Ursprünglichen an.

[147] Darauf hat dann in der Folgezeit auch Makarios immer wieder hingewiesen, wenn die Veränderung der Bestimmungen innerhalb der Verfassung thematisiert wurde. Rauf Denktaş hat darauf in mehreren Gesprächen ebenfalls hingewiesen. Der Plan offenbart so, dass Makarios' Politik nicht tatsächlich von Überzeugung getragen wurde, sondern vielmehr von taktischen Überlegungen.

4. dass die Koexistenz der beiden Volks-
    gruppen in Wirklichkeit möglich[148] ist und

5. dass die griechische Mehrheit und nicht
    die Türken das starke Element darstellen,
    auf das sich das Ausland stützen muss.[149]

c) Obwohl es höchst schwierig ist, diese Ziele zu erreichen, sind befriedigende Resultate erzielt worden.
Viele diplomatische Missionen glauben bereits fest
daran, dass die Verträge weder gerecht noch befriedigend sind, dass sie als Folge äußeren Drucks und
von Einschüchterungen ohne wirkliche Verhandlungen unterschrieben wurden und dass sie nach vielen
Drohungen aufoktroyiert worden sind. Es war eine
wichtige Trumpfkarte in unseren Händen, dass die in
den Verträgen herbeigeführte Lösung der Zustimmung des Volkes nicht unterbreitet worden war; unsere Führung[150] hat in dieser Beziehung weise gehandelt, indem sie die Abhaltung eines Referendums
vermieden hat. In einem solchen Referendum hätte
das Volk mit Sicherheit in der 1959 vorherrschenden
Atmosphäre den Verträgen zugestimmt. Allgemein

---

[148] Der Plan, den auch Klerides und Papadopoulos kennen (Denktaş schreibt Papadopoulos eine tragende Rolle zu) sagt deutlich, dass man in Wahrheit nicht überzeugt war, dass eine gute Koexistenz möglich war und diese lediglich als möglich
vorgetäuscht werden sollte. Klerides hat später während seiner Präsidentschaft
mehrfach betont: „Greek Cypriots and Turkish Cypriots have been living peaceful-
ly side by side for centuries". Erst die Militärintervention (griechische Schreibwei-
se: „Invasion") der Türkei habe 1974 diese friedliche Koexistenz nachhaltig zerstört, so die offizielle griechischzyprische Lesart heute.

[149] Dieser Punkt konnte sehr erfolgreich umgesetzt werden.

[150] Makarios III., Klerides, Papadopoulos, Georgadsis, Lyssarides - hier gibt es
viele Fragezeichen.

gesagt konnte gezeigt werden, dass bisher die Verwaltung Zyperns von den Griechen getragen worden ist[151] und dass die Türken nur eine negative Rolle gespielt und wie eine Bremse gewirkt haben.

d) Sobald wir die erste Stufe unserer Anstrengungen und Ziele erreicht haben, müssen wir die zweite Stufe auf der internationalen Ebene realisieren. Es ist unser Ziel, auf dieser zweiten Ebene zu zeigen:

1. dass es nicht das Ziel der Griechen ist, die Türken zu unterdrücken, sondern nur die unvernünftige und ungerechte[152] Reglementierung des Verwaltungsapparates aufzuheben,

2. dass es nötig ist, diese Regelungen sofort aufzuheben, weil es morgen schon zu spät sein kann,

3. (gestrichen)

4. dass diese Revision eine interne Angelegenheit der Zyprer ist und deshalb niemanden zu einer gewaltsamen oder sonstigen Intervention berechtigt[153] und

5. dass die vorgeschlagenen Änderungen eine vernünftige und gerechte Sicherung der Rechte beinhaltet, die einer Minder-

---

[151] Weil die Türken teilweise davon abgehalten wurden (vgl. Uwe Berner, Das vergessene Volk, S. 102f).

[152] In den Augen der Verfasser und der Mehrheit der zyperngriechischen Bevölkerung.

[153] Wobei eine Intervention durch die Garantiemächte durch den Garantievertrag dennoch natürlich gedeckt bleibt.

heit[154] vernünftigerweise zuzugestehen sind.

e) Allgemein liegt auf der Hand, dass heute die internationale Meinung gegen jede Form einer Unterdrückung eingestellt ist und insbesondere gegen die Unterdrückung von Minderheiten. Die Türken waren insoweit in der Lage, die öffentliche Meinung in der Welt dahingehend zu überzeugen, dass eine Vereinigung Zyperns mit Griechenland ihre Versklavung bedeuten würde. Unter diesen Umständen haben wir eine gute Erfolgschance bei dem Versuch, die Weltmeinung zu beeinflussen, wenn wir unseren Kampf nicht auf Enosis (...), sondern auf Selbstbestimmung gründen[155]. Aber um in der Lage zu sein, das Selbstbestimmungsrecht voll und ohne Beeinträchtigung auszuüben, müssen wir die Verträge loswerden und wir müssen diejenigen Verfassungsnormen loswerden, die den freien und ungezügelten Ausdruck des Volkswillens[156] verhindern und auf denen die Gefahr einer auswärtigen Intervention beruht. Aus diesen Gründen war unser erstes Angriffsziel der Garantievertrag, der als erster in der Reihe der Verträge ge-

---

[154] Bislang sind die Griechen Zyperns nicht gewillt, den Status der gleichberechtigten Volksgruppe für die Türken Zyperns (wieder) anzuerkennen, obgleich er ihnen durch die Verträge von London und Zürich zusteht. Im Übrigen ist diese Errungenschaft mit ein Verdienst von Rauf Denktaş.

[155] Dieser Wortlaut legt allerdings deutlich nahe, dass Enosis das tatsächliche Ziel der Verfasser des Akritas-Plans gewesen ist.

[156] Gemeint ist wiederum freilich ausschließlich der griechischzyprische Volkswille.

> nannt werden muss[157], die von den griechischen
> Zyprern nicht anerkannt werden.
>
> Wenn der Garantievertrag zu Fall gebracht worden
> ist, wird uns keine rechtliche oder moralische Kraft
> mehr daran hindern können, unsere Zukunft durch
> ein Plebiszit zu bestimmen.

Aus den vorstehenden Erläuterungen folgt, dass eine Reihe aufeinander folgender Anstrengungen unternommen und Entwicklungen herbeigeführt werden müssen, um den Erfolg unseres Planes zu gewährleisten. Sollten diese Anstrengungen und Entwicklungen ihr Ziel verfehlen, so würden unsere künftigen Aktionen rechtlich unbegründet und politisch undurchführbar und wir würden Zypern und sein Volk[158] schwerwiegenden Konsequenzen aussetzen. Es müssen folgende Maßnahmen durchgeführt werden:

a) Die Änderung der negativen Bestandteile der Verträge und als Folge davon die tatsächliche Beseitigung der Garantie- und Allianzverträge[159]. Dieser Schritt ist unverzichtbar, weil die Notwendigkeit einer Änderung der negativen Aspekte jedes Vertrags international allgemein als akzeptabel und vernünftig angesehen wird, während eine auswärtige Intervention zu dem Zweck, die Änderung solcher negativer Vertrags-

---

[157] Makarios III. verfolgte genau diese Politik, wenn er später die Garantieverträge für null und nichtig erklärte.

[158] Gemeint sind ausschließlich die griechischen Zyprer.

[159] Immer wieder wurde behauptet, dass Makarios nicht direkte Kenntnis vom Akritas-Plan hatte bzw. nicht als Urheber gelten darf. Vielleicht war er nicht der Verfasser des Wortlauts, seine Politik ab Ende 1963 deutet allerdings ganz deutlich darauf hin, dass der Erzbischof den Plan stringent verfolgte.

bestimmungen zu verhindern, für ungerechtfertigt und unanwendbar gehalten wird.

b) Sobald dies erreicht ist, wird der Garantievertrag (und das Interventionsrecht[160]) rechtlich und inhaltlich unanwendbar.

c) Sobald diejenigen Bestimmungen der Garantie- und Allianzverträge beseitigt sind, welche die Ausübung des Selbstbestimmungsrechts behindern, wird das Volk Zyperns[161] in der Lage sein, seinen Willen frei zum Ausdruck zu bringen und durchzusetzen.

d) Es wird der Staatsmacht (den Polizeikräften) sowie zusätzlichen befreundeten militärischen Kräften[162] möglich sein, legitimerweise einer inneren oder auswärtigen Intervention Widerstand zu leisten, denn wir werden dann vollständig unabhängig sein.

Es erweist sich als notwendig, die zu a) bis d) aufgelisteten Aktionen in der bezeichneten Reihenfolge auszuführen.

---

[160] Durch die mehrfache positive Erwähnung dieses Rechts wird deutlich, dass die Verfasser des Akritas-Plans im Grunde dieses Recht anerkennen, es allerdings als hinderlich für ihre nationale Politik ansehen und es daher abschaffen wollten. Eine rechtmäßige Ablehnung des Rechts auf Intervention zur Aufrechterhaltung bzw. Wiederherstellung der verfassungsgemäßen Ordnung, das 1959 und 1960 vertraglich abgesprochen und 1960 international unterzeichnet worden ist, ist nicht zu erkennen.

[161] Unter Selbstbestimmungsrecht des Volkes von Zypern ist die Umsetzung der Union mit Griechenland (Enosis) durch die griechischzyprische Volksgruppe zu verstehen, da die Insel ja rein rechtlich bereits eine unabhängige Republik war und somit völlig selbstbestimmt handeln konnte (abgesehen vom Verbot der Teilung und des Anschlusses an ein drittes Land).

[162] Griechisches Militär? Paramilitärische Gruppierungen innerhalb der inselgriechischen Volksgruppe? Der Plan bleibt hier eher vage.

Es ist eine offensichtliche Folgerung, dass wir keine Stufe des Kampfes bekannt machen oder proklamieren können oder sollen, ehe die vorhergehende Stufe ausgeführt ist, wenn wir je die Hoffnung auf Erfolg im internationalen Bereich aufrechterhalten wollen. Geht man beispielsweise davon aus, dass die vorgenannten vier Stufen den notwendigerweise einzuschlagenden Kurs darstellen, dann würde es für uns offensichtlich sinnlos sein, von einer Änderung (a) zu sprechen, wenn gleichzeitig die Absicht zu (d) preisgegeben würde, denn es wäre dann lächerlich, Änderungen der negativen Punkte mit der Ausrede anzustreben, dass diese Änderungen für ein Funktionieren des Staates und der Verträge notwendig sind. Im Vorstehenden wurden unsere Ziele und Absichten sowie das Verfahren dargelegt, das auf internationaler Ebene angewendet werden muss.

B. Der interne Aspekt.

Unsere internationalen Bemühungen sind entsprechend den Rückwirkungen und Würdigungen zu gestalten, die ihnen in der Welt zuteil werden, sowie entsprechend ihrer Wirkung im Interesse unseres nationalen Anliegens.

1. Die einzige Gefahr, die als unüberwindlich bezeichnet werden kann, ist die Möglichkeit einer gewaltsamen auswärtigen Intervention[163]. Diese Gefahr, der unsere Streitkräfte teilweise oder vollständig entgegentreten könnten, ist wichtig wegen des politischen Schadens, den sie verursachen, und weniger wegen der materiellen Verluste, die sie nach sich ziehen könnte. Wenn die Intervention vor

---

[163] Wenngleich auch die anderen Garantiemächte Großbritannien und Griechenland das Recht auf Intervention genossen, dürfte einzig die Türkei gemeint gewesen sein.

Stufe (c) stattfände, würde sie rechtlich zumindest haltbar[164], wenn nicht vollständig gerechtfertigt sein. Das würde sich sowohl international als auch im Rahmen der Vereinten Nationen sehr stark gegen uns auswirken. Der Verlauf vieler ähnlicher Vorgänge der jüngeren Geschichte zeigt uns, dass niemals ein Intervenient durch die Vereinten Nationen oder andere Mächte ohne erhebliche Konzessionen zum Nachteil der angegriffenen Partei zum Rückzug gebracht werden konnte, selbst wenn die Intervention rechtlich unentschuldbar war. Selbst im Falle des israelischen Angriffs auf Suez, der von fast allen Mitgliedern der Vereinten Nationen verurteilt worden war und Russland zu einer Interventions-Drohung Anlass gab, wurde zwar der Rückzug der Israelis erreicht, aber nur gegen die Konzession, dass sie den Hafen Eliat am Roten Meer behalten durften. Im Falle Zyperns gibt es jedoch ernstere Gefahren.

Wenn wir unsere Arbeit gut machen und es uns gelingt, den Versuch zu rechtfertigen, den wir auf Stufe (a) unternehmen werden, wird sich einerseits zeigen, dass eine Intervention nicht gerechtfertigt ist, und wir werden andererseits alle denkbare Unterstützung finden, weil nach dem Garantievertrag nicht interveniert werden darf, ehe Verhandlungen zwischen den Garantiemächten, nämlich England, Griechenland und der Türkei stattgefunden haben. In diesem Stadium der einer Intervention vorangehenden Verhandlungen werden wir internationale Unterstützung brauchen. Wir werden diese Unterstützung erhalten, wenn die von uns vorgeschlagenen Änderungen vernünftig und gerechtfertigt erscheinen. Wir müssen deshalb bei der Formulierung der von uns vorzuschlagenden Änderungen außerordentlich vorsichtig sein.

---

164 Dies darf als eine der wichtigsten Aussagen im Akritas-Plan angesehen werden, weil sie verdeutlicht, dass sich die Verfasser sehr wohl der Rechtmäßigkeit einer türkischen Intervention bewusst waren. Die Lage hat sich von der Argumentationssituation her auch bis 1974 nicht geändert.

Es muss daher der erste Schritt sein, auf einer ersten Stufe durch den Vorschlag von Änderungen die Intervention loszuwerden.

2. Offensichtlich bedarf eine Intervention zu ihrer Rechtfertigung ernsterer Gründe und einer unmittelbaren Gefahr als bloße Verfassungsänderungen. Solche Gründe können sein:

a) Die Erklärung des Anschlusses an Griechenland, ehe Stufen (a) bis (c) erreicht sind,

b) ernste Unruhen zwischen den Bevölkerungsgruppen, die als ein Massaker unter den Türken dargestellt werden können.

Der erste Grund wird durch den Plan mit Bezug auf die erste Stufe ausgeräumt, und infolgedessen bleibt lediglich die Gefahr des Kampfes zwischen den Bevölkerungsgruppen übrig. Wir beabsichtigen nicht, ohne Provokation ein Massaker oder einen Angriff gegen die Türkei zu veranstalten. Deshalb kommt in Betracht, dass die Türken scharf reagieren und Zwischenfälle und Kämpfe auslösen oder Massaker, Zusammenstöße oder Bombenexplosionen vortäuschen könnten, um den Eindruck zu erwecken, dass ein griechischer Angriff gegen die Türken im Gange und eine Intervention zu deren Schutz unabweisbar notwendig ist.[165] Anzuwendende Taktik: Unsere Maßnahmen zur Änderung der Verfassung werden nicht geheim gehalten; wir sollten immer zu friedlichen Gesprächen bereit erscheinen[166] und unsere Schritte sollten keine herausfordernde oder gewaltsame Form annehmen. Allen möglichen Zwischenfällen wird in Übereinstimmung mit unserem Plan zunächst in legaler Wiese durch

---

[165] Tatsache ist, dass sich die Führung der türkischen Zyprer klug und ruhig verhielt.

[166] Diese Formulierung legt aber deutlich nahe, dass die Zyperngriechen nicht wirklich zu friedlichen Gesprächen bereit waren.

legale Sicherheitskräfte begegnet. Unsere Maßnahmen müssen formell legal sein.

3. gestrichen

4. Es ist jedoch naiv zu glauben, dass es uns möglich sein könnte, substanzielle Maßnahmen zum Zwecke einer Änderung der Verfassung als ersten Schritt in Richtung auf unser oben beschriebenes allgemeines Ziel zu ergreifen, ohne damit rechnen zu müssen, dass die Türken Zwischenfälle und Zusammenstöße vortäuschen. Aus diesem Grunde ist die Existenz und die Stärkung unserer Organisation unabweisbar notwendig, weil:

a) Wenn unser Gegenangriff im Falle spontanen Widerstands der Türken nicht sofort einsetzt, riskieren wir eine Panik unter den Griechen, insbesondere in Städten.[167] Wir werden dann Gefahr laufen, große Gebiete von lebensnotwendiger Bedeutung für die Türken zu verlieren, während diese möglicherweise zur Vernunft gebracht werden können und ihre Maßnahmen auf unbedeutende isolierte Zwischenfälle beschränken werden, wenn wir den Türken sofort unsere Stärke gewaltsam demonstrieren.[168]

b) Im Falle eines geplanten oder nicht geplanten Angriffs der Türken, sei dieser nun vorgetäuscht oder nicht, muss dieser in möglichst

---

[167] Man kann vermuten, dass, nachdem die türkischen Provokationen ausblieben, die Aktivisten auf griechischer Seite selbst aktiv wurden. Die Ereignisse in Nikosia ab dem 21. Dezember 1963 lassen darauf schließen, dass der Akritas-Plan auch in dieser Hinsicht von den Beteiligten (Ministern und Behörden) umgesetzt wurde.

[168] Diese Demonstration begann zweifelsohne mit den Angriffen in der Nacht vom 21. zum 22. Dezember 1963. Harry Scott Gibbons nennt die Angriffe den Beginn eines „Genozids".

kurzer Zeit gewaltsam unterdrückt werden[169], weil eine auswärtige Intervention weder möglich noch wahrscheinlich oder gerechtfertig ist, wenn es uns gelingt, innerhalb von ein oder zwei Tagen Herr der Lage zu werden.

c) Die gewaltsame und entschiedene Unterdrückung jeder türkischen Anstrengung wird unsere nachfolgenden Bemühungen um Verfassungsänderungen erheblich erleichtern und ihre Durchsetzung ermöglichen[170], ohne dass die Türken irgendeine Reaktion zeigen können. Sie werden nämlich einsehen, dass es für sie unmöglich wird, ohne ernste Konsequenzen für ihre Volksgruppe zu reagieren.

d) Sollten sich Zusammenstöße ausweiten, müssen wir bereit sein, sofort die Aktionen zu (a) bis (d) einschließlich der Erklärung des Anschlusses an Griechenland auszulösen, denn in diesem Fall wird kein Anlass sein für weiteres Zuwarten oder für diplomatische Aktivitäten.

5. Auf all diesen Stufen dürfen wir den Faktor der Aufklärung und der Konfrontation mit der Propaganda der reaktionären Elemente sowie derjenigen nicht übersehen, die unsere Pläne nicht kennen oder kennen können. Wie gezeigt wurde, muss unser Kampf mindestens vier Stufen durchlaufen, und wir dürfen unsere Pläne und Absichten nicht vorzeitig bekannt werden lassen. Es ist deshalb mehr als eine nationale Pflicht für jedermann, volle Geheimhaltung in dieser Ange-

---

[169] Dies ist als eine Art vorüberlegte Selbstrechtfertigung für die an den Weihnachtstagen folgenden Angriffe auf die türkische Volksgruppe zu verstehen.

[170] Auch in dieser Passage wird erneut deutlich, dass die Weihnachtsereignisse 1963/64 auf Grundlage dieses Planes zustande kamen, wenngleich auch eine „türkische Anstrengung“ wie sie der Akritas-Plan vorhersagt, nicht stattfand.

legenheit zu wahren. Geheimhaltung ist absolute Voraussetzung für unseren Erfolg und für unser Überleben.

Dies hindert jedoch reaktionäre und unverantwortliche Demagogen nicht an falschen patriotischen Manifestationen und Provokationen. Ein Bekanntwerden unseres Planes würde ihnen die Möglichkeit zu Vorwürfen in die Hand geben, wonach die Ziele unserer Führerschaft nicht nationaler Natur sind, sondern lediglich die Änderung der Verfassung im Auge haben. Es macht unsere Aufgabe noch schwieriger, dass wir Verfassungsänderungen stufenweise und unter Berücksichtigung der gegebenen Umstände durchführen müssen. Das darf uns jedoch nicht zu unverantwortlicher Demagogie, zu einer Politik der Straße oder zu einem nationalistischen Wettrennen veranlassen. Unsere Taten wer-den unsere unleugbare Rechtfertigung sein. Da der vorstehende Plan aus gut bekannten Gründen lange vor den nächsten Wahlen durchgeführt sein und seine Früchte getragen haben muss, müssen wir uns jedenfalls in der kurzen uns zur Verfügung stehenden Zeit durch Selbstbeherrschung und Mäßigung auszeichnen. Zugleich sollten wir die gegenwärtige Einheit und Disziplin unserer patriotischen Kräfte nicht nur erhalten, sondern verstärken. Das können wir nur durch ordentliche Aufklärung unserer Mitglieder erreichen, sodass diese ihrerseits das Publikum aufklären.
Vor allem anderen müssen wir die wahre Identität der Reaktionäre offen legen. Das sind untergeordnete und unverantwortliche Demagogen und Opportunisten. Ihre jüngere Entwicklung zeigt das. Es handelt sich um erfolglose, negative und fortschrittsfeindliche Elemente, die unsere Führung wie wütende Hunde angreifen[171], aber die nicht in der Lage sind, irgendeine gehaltvolle und praktische ei-

---

[171] Die Deutlichkeit der Sprache zeigt, dass der Plan ein nationalistisches Ziel verfolgte, das ohne jeden Funken intellektuellen Hintergrunds betrieben werden sollte.

gene Lösung anzubieten. Um bei allen unseren Schritten Erfolg zu haben, brauchen wir eine starke und stabile Regierung bis zur letzten Minute[172]. Jene aber sind bekannt als lautstarke Erfinder von Schlagworten, die nichts können als Reden schwingen. Sobald entschiedene Maßnahmen ergriffen oder Opfer erbracht werden müssen, zeigen sie sich als willenlose Schwächlinge. Typisch ist, dass die sogar im gegenwärtigen Stadium keinen besseren Vorschlag haben als dass wir uns an die Vereinten Nationen wenden sollen. Es ist daher notwendig, dass sie isoliert und auf Distanz gehalten werden.

Wir dürfen unsere Mitglieder[173] über unsere Pläne und Ziele nur mündlich informieren. Versammlungen müssen bei den Mittelinstanzen unserer Organisation abgehalten werden, um Führer und Mitglieder in den Stand zu setzen, andere aufzuklären. Schriftliche Erklärungen aller Art sind verboten. Verluste oder Lecks mit Bezug auf irgendwelche einschlägigen Dokumente sind gleichbedeutend mit Hochverrat. Es gibt keinen Vorfall, der unserem Kampf einen schwereren Schlag versetzen könnte als die Preisgabe des Inhalts des vorliegenden Dokuments oder seine Veröffentlichung durch die Opposition.

Vorbehaltlich der mündlichen Aufklärung unserer Mitglieder müssen alle unsere Maßnahmen und Veröffentlichungen, insbesondere Presseveröffentlichungen, so zurückhaltend wie möglich sein und dürfen nichts vom Vorhergehenden durchblicken lassen. Nur verantwortliche Persönlichkeiten dürfen öffentliche Reden halten und Erklärungen abgeben und sie dürfen auf den vorliegenden Plan nur im Allgemeinen und unter ihrer persönlichen Verantwortung des Leiters der betreffenden Mittelinstanz Bezug nehmen. Ebenso darf auf

---

[172] Es ist zu vermuten, dass türkischzyprische Minister nicht für diese starke Regierung vorgesehen waren.

[173] Wer diese sind, ist nicht exakt bekannt.

den schriftlichen Plan nur nach förmlicher Zustimmung des Leiters der Mittelinstanz Bezug genommen werden, der die Rede oder Erklärung zu kontrollieren hat. Auf keinen Fall darf eine solche Rede oder Erklärung in der Presse oder in irgendeiner anderen Veröffentlichung erscheinen.

Zur Taktik: Es müssen große Anstrengungen unternommen werden, um unsere Mitglieder und die Öffentlichkeit mündlich aufzuklären. Jede denkbare Anstrengung muss unternommen werden, um unsere Mäßigung zu zeigen. Jede schriftliche Bezugnahme auf unsere Pläne und jede Bezugnahme in der Presse oder in irgendeinem Dokument ist streng verboten. Befugte Offizielle und andere verantwortliche Personen sollen fortfahren, die Öffentlichkeit aufzuklären und die öffentliche Moral und den Kampfgeist zu stärken, ohne jemals unsere Pläne über die Presse oder auf andere Weise durchsickern lassen.

Achtung: Das vorliegende Dokument muss unter der persönlichen Verantwortung der Leiter der Mittelinstanz in Gegenwart aller Stabsmitglieder innerhalb von zehn Tagen nach seinem Empfang verbrannt werden. Es ist streng verboten, von dem Dokument oder von Teilen davon Kopien anzufertigen. Stabsmitglieder der Mittelinstanzen dürfen es nur unter der persönlichen Verantwortung des Leiters einer solchen Instanz in ihrem Besitz haben, aber niemand ist befugt, es nach außerhalb der Geschäftsstelle der Mittelinstanz zu verbringen.

Der Chef (AKRITAS)[174]

---

[174] In der Rechtschrift leicht adaptiert, zitiert nach Rauf Denktaş, Christian Heinze, Zum Zypernkonflikt 1987/88, London 1988, S. 9-14.

Literaturverzeichnis

Ackermann, Michael — Türkisch-Zypern, Heiligenhof 1997.

Albrecht, Peter J. — Gegner für immer? Berlin 1998.

Andronikou, A. — Development of Tourism in Cyprus, Nikosia 1987.

Berner, Uwe — Das vergessene Volk, Pfaffenweiler 1992.

Berner, Uwe — Zyprische Blätter – Der Zypern-Konflikt, Freiburg

Birand, Mehmet Ali — 30 heisse Tage, Köln 1999.

Brit. Parlamentary Group — The Cyprus Question, London 1992.

Chrysostomides, D. — Les Requetes Cypriotes contre la Tourquie..., Nikosia 1998.

Clerides, Glafkos — Cyprus: My deposition V. 4, Larnaka 1992.

Committee of Relatives of Turkish Cypriot Missing Persons — Myth and Reality, Nikosia 1993.

Cyprus Bar Association — Human Rights, Nikosia 1995.

Cyprus Mail — zitiert nach Datum.

Cyprus Today — zitiert nach Datum.

Cyprus Weekly — zitiert nach Datum.

Denktas, Rauf — The Cyprus Triangle, London 1988.

Denktas, Rauf — Zum Zypern-Konflikt, Nikosia 1988.

Dodd, Clement (Hrsg.) — Cyprus – The Need for a New Perspectives, Huntingdon 1999.

Egeli, Sabahattin — How the 1960 Republic of Cyprus was destroyed, Istanbul 1991.

Faulds, Andrew — Excerpia Cypria for today, Nikosia 1988.

Friedrich Ebert-Stiftung — Cyprus after a solution, Nikosia 1998.

Georgiades, Cleanthis — History of Cyprus, Nikosia o.J.

Gibbons, Harry Scott — The Genocide Files, London 1997.

Gürbey, Gülistan — Zypern – Genese eines Konflikes, Pfaffenweiler 1988.

Haktanir, Korkmaz — A time to remember, Nikosia 1999.

Heinze, Christian   Zum Zypern-Konflikt, Nikosia 1988.

Hillenbrand, Klaus   Cypern, München 1990.

Ismail, Sabahattin   Cyprus Peace Operation, Nikosia 2000.

Liebe, Klaus (Hrsg.)   Zypern – Der „vergessene" europäische Konflikt, Köln 1994.

Matthews, David   The Cyprus Tapes, London 1987.

Moran, Michael (u.a)   Past-Masters of Illegality, Nikosia 2000.

Moran, Michael   Rauf Denktash at the United Nations, Huntingdon 1997.

Oberling, Pierre   The Road to Bellapais, New York 1982.

Oberling, Pierre   Verhandeln um zu Überleben, Köln 1993.

Panteli, Dr. Stavros   The Making of Modern Cyprus, Nikosia 1990.

Pillai, Johann (Hrsg.)   Journal of Cyprus Studies, Famagusta 1999.

Piller, Uli   Zypern, die ungelöste Krise, Pfaffenweiler 1997.

Piller, Uli   Rauf Denktas - Sein Leben für Nordzypern, Norderstedt 2006

PIO   Das Zypern-Problem, Nikosia 1995.

PIO   European Stand on the Cyprus Problem, Nikosia 1995.

PIO   Resolutions adopted by the United Nations on the Cyprus Problem 1964-1994, Nikosia 1994.

Reddaway, John   Burdened with Cyprus, Nikosia 1986.

Richter, Heinz A.   Friede in der Ägäis, Köln 1988.

Turkish Cypriot Human Rights Committee   Three Chapters on Cyprus, Nikosia 1983.

Sherman, Arnold   Zypern – Die gefolterte Insel, Freiburg 1999.

Stephen, Michael   Die Zypern Frage, Köln 1999.

Stephen, Michael   The Cyprus Question, London 2000.

Tatli, Suzan   Der Zypern-Konflikt, Pfaffenweiler 1986.

Tzermias, Pavlos   Geschichte der Republik Zypern, Tübingen 1991.

Varvaroussi, Paris   Deutschland und die Zypernfrage, München 1995.

Wolfe, James (u.a.)   Zypern – Macht oder Land teilen?, München 1987.

Zeilinger, Johannes   Cypern – Orient und Okzident, München 1997

Uli Piller -
Rauf Denktaş - sein Leben für Nordzypern, 2006

In diesem Werk behandelt Piller den Zypern-Konflikt anhand der Lebensbiografie
des Staatsgründers von Nordzypern. Denktaş, der den Stempel des „Diplomaten-
schrecks" oder „Sturkopfes" aufgesetzt bekam, wird in dieser Arbeit hinsichtlich seiner Überzeugungen und seines politischen Handelns aus einem anderen Blickwinkel vorgestellt.

23,95 Euro

ISBN: 978-3833454479